JOURNAL
D'UNE GROSSE REPENTIE

Sonia Dubois

JOURNAL D'UNE GROSSE REPENTIE

Michel LAFON

103, boulevard Murat, 75016 Paris

ISBN : 2-84098-134-3

À mon mari.

Tout ce qui ne me tue pas
me fait grandir.
NIETZSCHE

– I –

MARRE DE CETTE NANA-LÀ

Lundi 1er octobre, 10 h 30

Ça y est, c'est dit, il n'y a plus qu'à s'y mettre. À quoi ? Au régime, bien sûr.

Moi, Sonia Dubois, trente ans, cent trente kilos de saucisson, de spaghetti, de paris-brest et autres mousses au chocolat, gorgonzola ou frites : au régime !

Vous me direz qu'il y a plus grave. J'aurais pu perdre un être proche dans un accident de la route, ou mon boulot de pigiste reconnue des établissements Ardisson. Oui, mais c'est pas ça qui m'est arrivé : moi, j'ai pris un régime de plein fouet.

En plus d'être cruelle et violente, la nouvelle va se muer en une longue quête mythique de la ligne retrouvée.

*

*   *

Les chemins du paradis sont pavés d'embûches, les miens de tentations sordides mais vitales : le camembert, je ne pense plus qu'à ça. Le bonheur d'avaler un calendos bien coulant, affiné à cœur et servi avec un petit pomerol de derrière les fagots...

Il est 11 heures du matin et mon lundi 1er octobre est déjà foutu. Il me faut un camembert.

Comme on vient gentiment de m'expliquer – dans mon « sympathique et chaleureux » centre d'amincissement – que je dois obéir au pied de la lettre à mon plan alimentaire de la semaine, je regarde compulsivement s'il ne se cache pas un camembert un autre jour de la huitaine.

Rien. Pas la moindre trace du plus petit quart de camembert. Sabotage et désillusion, le calendos c'est fini pour moi. Les saligauds ! Il y a une heure ils m'ont dit que ça allait être très facile, que je ne me sentirais jamais privée de rien, que je pourrais manger jusqu'à cinq fois par jour si je le souhaitais... Et moi je les ai crus, bien sûr.

Alors justement – comme il est 11 heures – à quoi j'ai droit, s'il n'y a pas de frometon ?

Je dévore ma feuille de route.

11 heures : 1/4 de litre de lait écrémé, ou un kiwi.

Si je relis je vomis. J'ai horreur du lait, après on pue de la gueule pendant deux heures et je ne suis pas un petit veau prêt à gaver. Quant au kiwi, à la deuxième bouchée j'ai la bouche qui se remplit d'aphtes.

Bon, du calme.

Je suis sortie du centre, puis du métro qui m'angoisse toujours un peu ; c'est l'un des endroits où je me sens le plus regardée (notez, je n'ai pas dit que je n'avais pas quelques accès de parano de temps à autre). J'ai mis la clef dans ma porte. Le tout nous mène à 14 heures sans rien manger. Une performance, un challenge, une revanche de ma conscience sur les tentations délibérées d'Ali mon épicier.

Je reprends le plan alimentaire de ma semaine une fois calée dans mon pouf, reposée.

D'un commun accord avec mon estomac (qui a toujours eu le dernier mot sur moi), je décide que je vais commencer par cocher :

- ce que j'aime beaucoup en rose,
- ce que j'aime bien en bleu,
- et tout le reste en vert.

Tout le reste à l'exception du lait, du cottage-cheese et des endives que je rature avec l'énergie du désespoir. Car je hais les endives au lait. D'ailleurs c'est haïssable.

Mon Stabilo rose en main – bien décidée, et de bonne foi, à surligner tout ce qu'il y a de bon –, j'attaque ma page.

Se succèdent, tel un convoi mortuaire, des blancs de poulet sans la peau (les salauds !), des salades vertes ou autres sans huile (les affameurs !), un fruit par jour (vite le numéro des pompiers en cas d'hypoglycémie !), des poissons maigres pochés (c'est pas eux qui me chargeront la langue !) et... et des bouillons de poireau sans adjonction de sel.

Voilà, messieurs-dames, ce qui est en train de m'arriver. Me retrouver devant un bouillon pour grand malade. Et si je menace d'égorger quelqu'un dans la journée, les bougres ont tout prévu : j'ai droit à cinq cents grammes de fromage blanc !

Je recapuchonne tous mes Stabilo, et comme une innocente reconnue coupable de meurtre je me plie au jugement populaire : il faut maigrir... Il faut que je maigrisse, et je le veux ! Alors je vais tout faire comme c'est écrit sur le papier.

Et on va se marrer.

Lundi 1er octobre, midi

Midi. Quatre heures que je n'ai rien pris. Je commence à danser devant ma feuille de route suspendue au-dessus de l'évier de ma cuisine. Dans exactement une demi-heure, pile poil, j'aurai le droit d'absorber un bouillon de légumes (sans les légumes et sans sel) suivi de crudités sans sauce, d'un blanc de poulet, et... de rien. Rien jusqu'à 16 heures.

Je m'assieds. J'épluche mes légumes doucement, amoureusement. Je les renifle, les coupe, les lave, les plonge dans l'eau. Ils bouillent. Ça sent bon. N'y tenant plus, je plonge une louche dans cette grande piscine potagère et benne le tout dans un bol.

Et vlan, voilà que je me brûle la langue. La haine me monte au ventre, faut que je sorte.

Lundi 1er octobre, 15 heures

Je fais mes premiers pas de minette au régime dans mon bon quartier du Marais. C'est impensable comme ça se voit déjà ! Si, si, c'est dingue : j'ai l'estomac complètement plat, encore une semaine comme ça et je défile pour Thierry Mugler.

En attendant, je m'achèterais bien une petite bricole ou deux, moi, histoire de tuer le temps et de me donner du cœur à l'ouvrage.

Tiens, justement, droit devant, voilà le BHV. *Andiamo* au rayon culottes et lingerie !

À peine un jour de diète et j'ai déjà perdu quatre centimètres de tour de taille. C'est fou, cette capacité que j'ai toujours eue à perdre très rapidement !

Bon, je vais toujours me laisser tenter par deux ou trois Dim taille haute bien échancrés sur les côtés. Mais pas de folie : la poitrine – même encore forte comme la mienne – mérite le plus grand maintien…

Un Silhouette 115 DD.

C'est intolérable, tout de même : ils font un seul modèle, le même depuis l'apparition du mammouth femelle sur la croûte terrestre ! Quand j'arrive, j'ai toujours l'impression que la vendeuse l'a mis de côté rien que pour moi !

Tant pis, je le prends néanmoins de bon cœur. Aujourd'hui, rien ne peut me fâcher.

*

*　　*

Je sens comme une douleur en revenant à la maison. Une douleur et un manque. Une fois retombée l'hystérie de l'achat, ça me revient. La faim.

La faim qui me tenaille et ne me lâche plus. Il faut que je mange. Et vite, en plus. Mais quoi ?

Les escaliers, la clef, la cuisine, ma feuille.

Il est 5 heures, Paris s'écroule. J'ai droit à un grand verre d'eau et – *damned* – encore un kiwi. Ou une demi-banane.

C'est simple : je pleure.

Moi, en arriver là ? Jamais. Alors, réadoptant le ton qui a fait ma réputation, et tout en naviguant de long en large dans ma cuisine désormais devenue l'objet du désir, je répète ce que je vais leur dire, demain, au centre.

D'abord je vais leur déclarer que ce sont de dangereux sadiques. Qu'ils n'ont aucune conscience de ce qu'ils infligent aux patientes. Que je leur souhaite très fort de prendre un jour du poids dans leur vie, parce que rira bien qui rira le dernier.

Sans compter que je vois des étoiles défiler devant mes yeux et que je sens arriver les palpitations comme le flageolement dans le mollet gauche (je ne sais pas pourquoi, mais c'est toujours celui-là qui me cause du souci).

Non, c'est vrai, ils jouent avec ma santé : je ne vois rien d'autre à leur dire !

Bien, c'est décidé, demain j'arrête toutes ces conneries. Tiens, d'ailleurs, je vais en parler à mon bonhomme. Lui qui a toujours eu la tête sur les épaules, il va me conseiller de mettre un point final à ces idioties, et *fissa* !

Lundi 1er octobre, 19 heures

C'est marrant comme c'est long, aujourd'hui, *Nulle part ailleurs* : j'ai l'impression que j'attends les *Guignols* depuis trois heures. Notez, ils me l'ont peut-être rallongé, *Nulle part ailleurs*...

Bon sang, mais non ! C'est juste que d'habitude, de Bonaldi jusqu'aux infos, je me fais mon « après-goûter-avant-apéro ». Comme qui dirait un petit en-cas, quoi : une demi-baguette (Banette pour la croûte) fraîche du jour, avec une épaisse couche de beurre des Charentes à la motte surmontée de vieux gouda ou de vieux Hollande si difficile à trouver[1]. Et évidemment, le tout arrosé de mon indétrônable pomerol.

Le petit Jésus en culotte de velours, mon avant-apéro ! En plus il cale pour de vrai et vous permet d'attendre le dîner en toute décontraction.

Mais je divague, je suis prise d'hallucinations rien que de rabâcher ce à quoi j'ai solennellement juré de dire non ce matin...

Tiens, voilà mon bonhomme qui rentre... je vais pouvoir lui dire que ça suffit, cette petite comédie dans laquelle je me suis égarée.

---

1. Perso je vais rue Rambuteau, chez un fromager de génie qui m'accommode encore mes monts-d'or au vin blanc !

Et me voilà plaidant ma cause…

Il m'explique gentiment (parce qu'il est gentil) mais fermement (parce qu'il tient au petit pécule mensuel que le centre m'a proposé pour témoigner de l'efficacité de sa méthode) que c'est très dur parce que c'est le premier jour, que c'est normal, qu'après tant de mois orgiaques mon estomac doit ressembler à un col de chemise et qu'il lui faudra bien quatre à cinq semaines pour reprendre une taille quasi normale. Mais encore qu'il ne faut surtout pas que je m'inquiète et que je ne dois surtout pas penser à manger dès que j'ai faim dans la journée, histoire de me désintoxiquer. Et puis il insiste sur le contrat que j'ai signé avec le centre d'amaigrissement. Sans compter le plaisir que j'aurai à mieux m'habiller…

C'est pas possible : il est dans leur camp depuis le début ! Notez, vu son poids, il y a longtemps que j'aurais dû comprendre. Bien entendu, il se laisse un peu aller avec moi, mais après hip hop *garden gym*, sauna, tout le toutim !

Il a un raisonnement de maigre, faut que je m'y fasse. C'est dégueulasse, les hommes, c'est lâche. Ça vous dit que tout baigne, que vous êtes la plus belle, mais ça ne s'arrête pas de reluquer Annette, votre voisine prof de stretching. La pute d'en face, quoi.

Non content de me faire miroiter les délices de la maigritude, il devient paternaliste. Me parle comme on parlerait à une enfant prise en flagrant délit de premier roulage de pétard. L'enfer ! J'ai faim, et je suis mariée avec un monstre avide d'argent, de gloire et de beauté... (Du coup j'en chante le générique, si vous voyez ce que je veux dire.)

Mais bon ! Nous avons résisté à beaucoup d'autres fractures conjugales telles que nos multiples copines, ses secrétaires, ses monteuses (mais non, ne vous inquiétez pas : il travaille dans l'audiovisuel...), et ce n'est certainement pas un petit régime qui va briser notre couple de douze ans.

J'avale mon bouillon de poireau sans les poireaux. C'est-à-dire de l'eau chaude dans mes petits quarts en ferraille rapportés à grands frais de New York. Faut dire qu'au départ c'était juste pour mettre ma crème Mont-Blanc dedans, pas du jus de poireau. Vlan, je me rebrûle. C'est assez : je dépose les armes pour aujourd'hui et monte me coucher en boudant mes idoles ; ce soir, je trouve à Jean-Édern Hallier un air d'orang-outan mal léché.

Évidemment, je m'abstiens de dire bonne nuit à celui qui conspire contre moi depuis tant d'années.

Seulement, maintenant, comment réussir à m'endormir le ventre vide, gargouillant et réclamant sa pitance habituelle de deux mille calories nocturnes ? Tant pis, puisque je suis prise dans la spirale aspirante des « drames existentiels de la jeune femme moderne qui s'assume », je cède à la tentation du Valium.

Comment en suis-je arrivée là, rien qu'en vingt-quatre heures ?

Tout le film repasse très vite dans ma tête. 10 h 30 : l'arrivée au centre, dans la foulée l'explication du plan, mon *mea maxima culpa* pour m'être laissée autant aller, la signature de mon contrat pour représenter ces scélérats pendant un an, tout.

Et puis ma journée passée à me brûler les lèvres pour un bouillon de grand phtisique.

Alors pourquoi vouloir continuer, ne pas avoir décroché quand mon bonhomme m'a tout sorti comme ça d'un bloc, ce soir ?

Parce que quoi qu'il advienne je veux maigrir, mettre des strings et des jeans 501 moulants. Et puis des bodies. Et puis refaire de l'œil aux mecs.

C'est vrai, ça, au fond : ma vraie maladie, c'est quand même le donjuanisme… Et inutile de vous dire qu'il est au niveau zéro depuis que j'ai atteint les cent trente kilos.

Oui, oh, ça va !

*

* *

Mardi 2 octobre, 8 heures

Aube du deuxième jour, orteils au sol et déjà un œil sur ma fiche dans la cuisine. Vite. Le plan pour la journée ? Ce matin deux Triscotte (sans beurre), un œuf coque, un café (noir) ; à midi bouillon puis légumes cuits, blanc de poulet et fromage blanc (un tout petit peu) ; 17 heures un fruit, puis le dîner semblable au déjeuner, plus une poire avant le dodo.

Formidable, non ?

Sauf que cuire un œuf à la coque, jamais fait ça de ma vie. Tant pis, je mets le minuteur sur 3 et puis on verra... Pendant ce temps-là je me prépare un Colombie corsé qui ne me fasse pas sauter au plafond pour autant. Et mes Triscotte machin-truc.

Me voilà devant le tout. Je casse mon œuf, en fous partout. Tant pis, je lécherai la table : je ne dois rien perdre de ce à quoi j'ai droit.

Pouah, c'est dégueulasse, mou, glaireux, ça pue. Non, tout de même, je ne peux pas avaler ça en me levant ! Si ça se mélange avec mon café dans mon estomac, je vais vomir mes tripes !

Seulement, voilà, je ne peux vraiment plus tenir sans avoir pris quelque chose...

En désespoir de cause, je regarde sur ma fiche ce à quoi j'aurai droit le lendemain. Cottage-cheese à la place de l'œuf. Je n'ai pas la moindre notion de ce qu'est ce produit venu de Belgique[1]. Du coup, j'ai une idée de génie : je vais mettre du fromage blanc maigre sur mes Triscotte et je tremperai le tout dans mon bol de café...

Merveilleux ! Une impression paradisiaque : je retrouve mon petit déj' classique. Un moment béni dans une journée, jouissif même...

---

1. Ben oui, parce que le premier centre est d'origine belge...

Déjà 10 heures, l'heure de monter au centre – le mien, sur les Champs-Élysées – pour me faire peser et bander.

« Et qu'est-ce que c'est que ces bandages ? » ai-je demandé hier. Réponse : une merveilleuse invention brésilienne (quand je vous dis que je finirai en string). On vous applique des bandes glacées imbibées de menthol, camphre, alcool et autres décoctions magiques durant une demi-heure, vous perdez mille calories sur le coup et encore mille dans la journée qui suit. Si c'est vrai, c'est carrément le Pérou.

Je fais la connaissance de mon « assistante ». Celle qui va me peser et m'appliquer les bandes durant toute la durée du ravalement de façade, laquelle est évaluée à six mois… Au mieux !

Elle est très jolie, maquillée, très *pretty girl*, toute petite et maigre. Je suis sûre que ça participe de leur programme de cruauté mentale : vous faire bander par une maigre style « voilà madame comment vous devriez être si vous aviez encore quelque reste de conscience, mais ne vous inquiétez de rien, vous repartirez comme ça ».

Après avoir déclamé son identité avec beaucoup de douceur – parce qu'en plus elle est gentille et attentionnée – Louise (c'est son prénom) me fait monter sur la balance. Je commence à prier très fort pour avoir maigri, histoire de ne pas passer pour ridicule et sans volonté. Et surtout parce que je veux maigrir.

C'est elle qui regarde l'aiguille, moi je préfère pas. Et voilà que j'entends un : « C'est bon, c'est même très bien ! Moins deux kilos cent. Cent vingt-sept kilos neuf cents grammes ce matin après seulement une journée, c'est fantastique ! »

Oh oui, c'est merveilleux ! Mon grand corps est en route vers une nouvelle aventure, celle des gambettes moulées en caleçon et des caracos en dentelle avec lacets ! (Mais comme c'est bizarre que j'aie soudainement envie de ressembler à une pute parce que je maigris : il doit y avoir quelque chose là-dessous…)

Bon, la revoilà avec sa bassine, ma gentille Louise. Quinze bandes sont déposées au fond du récipient et elle commence à m'enrouler avec, en partant du bas des chevilles jusqu'en haut des poignets sans omettre un seul centimètre, sauf ma poitrine.

C'est glacé, gelé. Je suis transie. Et même momifiée, car si je fais un pas de plus avec ce harnachement je tombe sur elle et je l'écrase. Après on dira encore que les gros ça ne fait rien que faire chier son monde.

J'ai le menton qui tremble et je claque des dents comme quand on attend le bus pour aller à l'école à huit ans.

– Mademoiselle, s'il vous plaît… un peu de lecture… vous auriez ?

Elle éclate de rire de me voir aussi frigorifiée.

Finalement, je la trouve très conne et vulgaire, avec ses tennis brodés. Si c'était quelqu'un de bien, elle ferait autre chose que de rouler des bandes glacées sur des gens qui n'ont commis d'autre péché que l'excès de cassoulet !

Évidemment, je pourrais m'allonger dans le transat qui me tend les bras, mais j'ai peur, une fois mon grand corps déplié, d'avoir encore plus froid. Non. Ce qu'il y a de mieux, c'est de rester et de lire assise.

Louise m'apporte un peignoir vert. Elle ne sait pas… J'ai horreur du vert, ça porte malheur : il va me faire enfler si je l'enfile. Et puis zut je le mets, de toute façon elle me glisse dans l'oreille qu'ils n'ont qu'un seul 2XL. Toujours agréable !

Bon. Je dévore un journal féminin dans le vent, continuant de penser que les mannequins ne sont pas mal – bien entendu – mais qu'elles ont quand même rapidement la fesse et la cuisse molles. Et que les filles qui présentent la lingerie pourraient au moins être épilées nickel. Non, c'est vrai, y en a c'est un peu juste. Je trouve ça dégoûtant. Quant au prix des shoppings qu'elles s'échinent à nous faire valoir, je dis non. Évidemment, il n'y a pas une rédactrice qui s'achète quoi que ce soit : c'est tout en « échange marchandise », alors pensez…

Le journal m'en tombe des mains. Je cherche à en prendre un autre, en dessous de la pile, là, tout près… et flûte, ce n'est plus la peine que je me trémousse : je vais bientôt en avoir fini avec le bandage. De toute façon, avec le froid de loup qu'il fait, je vais tomber dans les pommes, moi…

Un petit coup d'œil sur ma montre. Quoi ? Encore quinze minutes ? Pas possible, depuis hier ils ont cafouillé un truc dans les pendules !

À chaque mouvement supplémentaire, une tonne

de frissons m'envahit le dos, les bras et le reste des cuisses. Et comment je vais être, après cette séance ? J'espère qu'on ne flétrit pas, tout de même ! D'après eux non. Parce que je suis peut-être grosse mais ferme, alors ça j'y tiens. Très ferme, même !

Je ne fais plus aucun geste. J'attends. Après tout, même les pires cauchemars ont une fin. Je me répète de grandes phrases vides de sens, du genre : « On se fait à tout dans la vie, même à la douleur. »

À peine ai-je fini d'égrener ce genre de litanie macabre que Louise repointe son museau dans ma salle.

– Allons-y, vous pouvez me débander.

– Attendez, Sonia, que je regarde ma montre... Ah non, il reste encore sept minutes. En attendant, prendriez-vous un thé avec une sucrette ?

Sept minutes... la garce ! Faut que je me venge... et vite, encore !

– Une sucrette ? Mais, Louise, savez-vous qu'une étude américaine a prouvé que c'était hautement cancérigène ? Vous utilisez quelle marque ? Les pires ! Non, pas de thé, j'ai horreur de ça... Et puis franchement, à 11 h 10 [*parce que moi j'ai 11 h 10*], vous avez envie de prendre un thé, vous, Louise ? Pas moi.

La pauvre. J'ai été ignoble, vexante et impolie. Elle est très gênée. J'ai honte. Elle n'y peut rien, si je suis grosse, et je n'ai pas à lui en vouloir si elle est là pour appliquer le plan et me rouler dans les bandages.

Après cette escarmouche, il est vraiment l'heure.

– Sonia, cette fois c'est bon, je vais vous chercher la bassine. Enlevez votre peignoir, je vais retirer les bandes.

J'aurai vécu la banquise en plein Paris. Je ne peux plus bouger, mon corps est raide comme un piquet, et j'ai toujours les dents qui claquent. Quelle classe…

Et quelle épouvante, aussi ! Même une fois retirés ces satanés bandages, j'ai toujours froid. C'est pareil, sauf que maintenant, en plus, je pue le menthol à quinze kilomètres à la ronde. Et il ne faut pas que je me douche chaudement en rentrant chez moi, sinon je perds tout le bénéfice de la séance.

Je me rhabille à la vitesse de l'éclair. Faut dire qu'avec trois kilos de moins, j'envisage la vie autrement… Tout ce que je vais pouvoir faire ou refaire, c'est fou !

En sortant du centre je me précipite dans le premier taxi et lui demande, toujours en claquant des dents alors qu'il fait 18°C, de me ramener dans le Marais.

Il doit me prendre pour une folle ou une malade. « Pourquoi elle claque des dents avec le temps qu'il fait, celle-là ? » Je suis certaine qu'il n'arrête pas d'y penser. Et puis cette odeur de menthol qui me remonte dans les trous de nez…

Presque arrivée à la maison, je n'ai plus qu'une obsession : voir ma fiche pour ce midi. Ah tiens, en passant je vais prendre deux bottes de poireaux chez Ali, ça me fera bien trois jours.

C'est tout de même bizarre que personne ne me dise que j'ai perdu du poids. Moi je trouve qu'on ne voit que ça, surtout au niveau des joues et du ventre.

Faut dire que si on comptait sur la gentillesse des gens… Vous lancer que vous avez « un peu pris », ça ils savent, mais pour le contraire ça leur arracherait la gueule. Surtout aux femmes.

Enfin, ça nous éloigne de ma fiche, tout ça… Notez, c'est simple, c'est tous les jours la même chose : alors même grosse, donc stupide, au bout de trente-six heures on s'y fait. Et allons-y pour le bouillon de poireau et le blanc de poulet et le fromage blanc maigre du goûter ! Avec tout ce blanc que j'avale, je suis en train de me demander si je ne vais pas me dépigmenter rapidement…

Peu importe, je me dresse un couvert coquet avec nappe, verrerie XVIIIe et petite faïence. À défaut de se remplir l'estomac, autant s'en mettre plein les mirettes.

Et puis je m'assieds devant mon « tas » de bouillon et poulet.

Il y a quand même quelque chose qui m'intrigue au plus haut point et qui m'angoisse. C'est le mois d'octobre. Celui de mon anniversaire, celui pendant lequel je ne me refuse jamais rien et ne trouve d'ailleurs jamais rien de trop beau pour moi. Et puis il y a ces couleurs magnifiques que nous livre la nature : des bruns, des fauves, des chatoiements qu'on ne retrouve à aucun autre moment de l'année et qui font mon bonheur depuis toujours. Eh bien là : rien. Je trouve ces couleurs transparentes, je ne sens plus la sève tirer sa révérence avant l'hiver. Le vide absolu. Et pourtant je les fixe, les arbres du jardin d'en face !

Soudain, je comprends pourquoi. D'habitude je les perçois derrière un halo de fumée. Une fumée de pieds de cochon, de tripous, de bœuf-carottes qui rendent leur odeur aux couleurs que j'aime. C'est ça : j'ai perdu l'odeur des couleurs et des formes que j'aime.

Tragique. Vous comprenez, pour moi, l'automne c'est une tartine de saindoux, un pot de rillettes fondantes et dégoulinantes dans lesquelles je tape sans vergogne. Et puis une petite viande blanche du dimanche, ferme et douce, avec une purée battue à la main… C'est tout ça, les couleurs de l'automne, sans oublier mon inévitable paris-brest ! Mais là on m'a tout enlevé, alors comment voulez-vous que je continue de voir la vie si je ne la sens plus ?

Car il faut que je vous explique. Vous n'êtes pas sans savoir que nous avons tous un sens prédominant. L'ouïe, la vue, le toucher, etc. Moi, c'est l'odorat. Chez moi tout est olfaction. Je sens tout. Je respire, hume, sniffe tout. Ce qui se porte à la bouche et le reste. Un objet, un lieu ou quelqu'un ne m'est sympathique que si une fois respiré il m'inspire confiance. Quoique malheureusement, en ce qui concerne la gent féminine, beaucoup de parfums m'égarent. Il y en a même, je ne sais pas pourquoi, qui m'angoissent. Ainsi je fuis quiconque portant *Giorgio de Beverly Hills* : ça me donne immédiatement envie de pleurer.

Allez comprendre… ce doit être ma madeleine à moi !

En matière alimentaire, la chose me passionne encore plus. Certains commerces offrent un véritable festival à mes narines toujours en alerte. Le charcutier par exemple, sur le coup de 11 heures, quand se mêlent l'odeur des divers saucissons et celle des plats préparés, tout juste arrivés du laboratoire. Un feuilleté de saumon à l'aneth et aux épinards se mélangeant avec des tomates farcies, et une brochette de poulets à peine cuits que l'on sort du gril. C'est la vie, ça !

À cet égard, l'automne est une période bénie pour les gros. C'en est fini du cagnard insoutenable de l'été et l'on ne sort pas encore avec trois duffle-coats sur le dos. On a le temps de faire le tour de tous les commerçants, pas pressé que l'on est de rentrer à la maison pour éviter l'insolation ou la pneumonie après la charcuterie (autant vous dire que je ne m'en prive pas), les légumes et les premiers bouquets garnis pour les poules au riz du dimanche.

Sans compter les fruits. Un coup de chasselas dans le tarin, d'abord je ne vois pas ce que ça peut avoir de fondamentalement antidiététique. En plus, c'est toute la France !

Bon, OK, mais il faut que j'arrête de penser à ce qui me fait du mal. Parce que c'est fi-ni, F-I-N-I. Maintenant faut que je me foute dans le crâne que les feuilles mortes n'ont ni goût ni sauce, que l'automne c'est vraiment triste et que j'en chie franchement d'être au régime.

*

*   *

Vendredi 5 octobre

Cinq jours d'efforts insurmontables. Déjà trois séances de bandages à froid. Oui, mais quelle pêche, j'ai un tigre dans le moteur !

On dirait la marionnette de Chirac, tellement je m'agite dans tous les sens, tout le temps. Si je me suis mise à la cocaïne ? Pensez-vous, pas du tout ! Je suis au régime, j'en suis très fière, je ne lâcherai pas le morceau tant que je n'aurai pas gagné. Et une fois pour toutes je n'ai pas faim, OK ? Bon.

Mais qu'est-ce que je pourrais bien trouver pour tuer le temps, nom d'un chien ? Qu'est-ce que je pourrais faire qui ne me renverrait pas à mon obsession de paris-brest ?

J'ouvre, je ferme mes armoires et divers placards à vaisselle et à vêtements. Bon, en ce qui concerne les vêtements, j'ai déjà fait les culottes et soutiens-gorge en début de semaine. Reste plus que la vaisselle. Je trie pour voir ce que je peux conserver et ce que je vais jeter pour faire place au neuf. À chaque assiette ou plat que je sors, je repense à tout ce qu'il a pu contenir et qui m'a envoyée au septième ciel. Des volailles, des gigots et des rôtis, des petits pois au sucre et des pot-au-feu... Bref, ces assiettes ont porté la vie, toute ma vie : mon application de ménagère, de femme mariée fière de croire que réussir un bon petit plat était un gage de sécurité pour son couple.

Terminée l'époque « cuisinière sans reproche »,

voilà Cindy Dubois, la femme à la ligne parfaite. Enfin bientôt, car vu la vitesse à laquelle je perds…

Quatre kilos par semaine. Faisons les comptes, ça nous donne seize kilos par mois. J'en ai cinquante à perdre, donc en quatre mois j'aurai bouclé l'affaire, après *basta così* je referai ce que je veux, et zut à tous ces marchands de maigreur.

Sauf qu'il ne faut pas oublier que les premiers kilos sont les plus faciles à perdre, et qu'après je vais faire ce qu'ils appellent des plateaux. C'est-à-dire de longues semaines de disette comme celle-ci, et au bout aucun résultat. Sympa, non, l'idée d'un régime qui ne fait pas maigrir ?

Il y aura même pire que ça. Les semaines dites « pré-menstruelles » où j'aurai beau lutter de toutes mes forces contre la calorie tueuse de fessiers, je prendrai quoi qu'il arrive deux kilos. C'est un truc qu'ils expliquent très bien, ça se situe entre l'hormonal et l'hystérique. Bref, je suis faite comme toutes mes congénères, ce qui a une fâcheuse tendance à me vexer. Moi, comme les autres ? Ça ne se peut pas !

D'ailleurs c'est peut-être aussi pour ça que je n'ai jamais pesé le même poids que toutes les autres : allez savoir comment la tête résiste au consensus !

En tout cas, mon « inventaire vaisselle » me montre que je n'ai à peu près plus que du dépareillé. Des bols du petit déjeuner jusqu'aux assiettes à dessert.

Je note tout ça vite fait sur mon calepin et referme l'armoire, déjà excitée à l'idée que je vais la remplir de choses neuves, témoins d'une époque nouvelle où le bouillon de légumes, le cœur de laitue et la purée de brocolis remplacent les fritures et les viandes rouges saturées en glucides ou je ne sais quel horrible mot...

Voilà, je me sangle la taille d'une grosse ceinture en cuir que j'enfile dans les passants de mon jean élastiqué. Si ça continue, je vais le perdre dans la rue. C'est fou comme j'ai changé. Je n'ai plus de cuisses. C'est simple : je flotte. Dans quoi ? Ouais, d'accord, un petit 56 par correspondance. Mais quand même, c'est dingue l'allure que je me suis reprise en cinq jours !

Là-dessus je n'oublie pas mon Caddie, parce que le drame de la vaisselle (comme des livres d'ailleurs) c'est le poids.

Et me voilà, fière de ma taille de guêpe retrouvée (ne riez pas : je me sens une guêpe), partie butiner à travers le Marais pour trouver des bols.

Pourquoi des bols, me direz-vous ? Pour plusieurs raisons. D'abord parce que thé, café et bouillon sont les seules choses que je puisse continuer de boire jusqu'à la lie. Et puis le seul moment de la journée où j'ai vraiment le temps de discuter avec mon bonhomme, c'est le p'tit déj'. Alors ça compte, et pas qu'un peu. Y a jamais rien de trop beau pour ça.

Avant, je me ruinais en pâtisseries les plus diverses. En gâteaux faits main, en cakes anglais venus tout droit de chez le traiteur (vous savez, ceux à la pâte noire, rien qu'aux raisins, avec une couche de glaçage au sucre dessus) ou des fondants au citron. Le tout avec « Maragogype », tasses anglaises et nappe assortie. Un petit Versailles, quoi, tous les matins entre 8 heures et 8 h 30 !

Après commençait la rude épreuve de la journée, mais au moins on était calés. Mon homme se plaignait parfois de lourdeurs ou de douleurs gastriques, mais ça ne pouvait pas venir de la maison : je n'achète que du naturel. Jamais une conserve ni un surgelé ne sont entrés chez moi : c'est contraire à toute mon éthique de vie.

Maintenant, pour les « lourdeurs », mon bonhomme peut être tranquille : il n'y aura plus rien de lourd nulle part !

Bon, un petit tour à l'*Épicerie* de la rue Saint-Louis-en-l'Île. Voilà des bols énormes, gourmands, sans anses (surtout que j'ai horreur des mugs), blancs, en grosse faïence rustique, avec une bordure de petites cerises. Cent quinze francs l'unité, quand même ! D'un autre côté, si j'en prends moins de quatre, dès qu'on aura quelqu'un à la maison je ne pourrai pas m'en servir…

Tant pis, va pour quatre cent soixante francs de bols.

Pendant que je paie, j'aperçois des mini-ronds de serviette en bois avec deux petites cerises peintes dessus. Craquants. J'en prends quatre également.

– Voilà, c'est tout ce qu'il vous faut, madame ? Ça fait cinq cent soixante francs.

J'ai le front qui perle en calculant l'ampleur de mon découvert pendant que la machine à Carte Bleue éructe. Ça y est, sauvée, ça passe quand même. Parce que… quelle honte quand ma carte ne passe pas : j'en suis meurtrie pendant quatre jours au moins !

Des bols… j'ai des bols. Et magnifiques, encore ! J'ai très longtemps hésité entre ceux-là et les jaunes à l'effigie de Banania, mais j'y ai en fin de compte renoncé parce que dans les bols Banania on boit du Banania avec une petite goutte de chocolat sur le bord, sinon ça n'a aucun charme. Et justement, mon régime n'a aucun charme parce que le chocolat y est interdit. Tandis qu'avec mes bols à cerises, je pense déjà à l'odeur du café qui coulera dedans tous les matins, accompagné de mes deux sempiternelles Triscotte et de mon œuf à la coque… Pourvu que j'arrive à faire durer mon œuf de plus en plus longtemps – parce que j'ai vraiment l'impression de n'avoir rien avalé depuis quarante-huit heures dès qu'on arrive à 11 heures du matin.

En parlant d'œuf à la coque, ça me fait penser qu'il faut que je leur dise (au centre) que c'est immangeable, ce tas de glaires tous les matins, au petit déjeuner… Et que ça me fout les tripes à l'envers depuis le début de la semaine, sans parler du cholestérol…

Ouais, mais ils vont me répondre que c'est en alternance avec une tranche de gouda maigre et une tasse à café de fromage blanc maigre, voire une demi-tranche de jambon blanc toujours maigre.

Alors pourquoi est-ce que je ne prends pas les autres options de temps en temps ?

Parce que l'œuf c'est déjà très dur, mais croyez-moi, du gouda à jeun quand on a fait trente ans de croissants ou de brioches, c'est du ressort de la science-fiction.

Non, ce qu'il faudrait que je me trouve, c'est un coquetier sympathique, accueillant, qui fasse oublier le goût des œufs.

Je remonte vers la place des Vosges et sa cohorte de boutiques alléchantes. Sans parler de ses salons de thé qu'on devrait fermer. On l'a bien fait pour les maisons closes, alors je ne vois pas pourquoi on ne ferait pas pareil ici, avec ces maisons de perdition ! C'est vrai, ça : après trois paris-brest, on quitte ce genre d'endroit aussi démoralisé qu'un mec qui s'est tapé une vieille pute. Finalement, ces dérives doivent procéder d'un même manque d'amour vrai…

Bon, tout ça ne me fait pas trouver de coquetier pour autant. Tiens, voilà les nouveautés de rentrée de *La chaise longue.* Youpi, j'ai trouvé ! Un coquetier en forme de petite poule en verre bleu marine, genre « à la mode ». Pareil que tout à l'heure avec les bols : je ne peux tout de même pas n'en acheter qu'un seul… Ne serait-ce que si un jour mon homme s'y mettait aussi, à l'œuf coque de 8 heures du matin !

Un rapide tour de boutique, et sur quoi je tombe ? Le rêve de ma vie depuis trois ans : des assiettes et des gobelets en ferraille genre « comme-à-l'ancienne-fait-main », mais très très joliment décorés. L'ensemble est d'un bleu turquoise passé des plus délicats, et dans le creux de chaque assiette il y a un dessin différent : une petite fille, un ours, un poisson. Marron, ces dessins donnent au service une allure d'art vraiment très contemporain.

Voyons, admettons qu'on soit quatre à table. En comptant une entrée et un plat de résistance par personne, il en faut un minimum de huit pour que ce soit intéressant. Huit assiettes, huit gobelets avec des anses et huit petites assiettes à dessert dans lesquelles on peut mettre également un reste de blanc de poulet ou de fromage blanc maigre, ou encore quatre quartiers de pomme ou de tomate.

C'est fou : je trouve une solution à tout depuis cinq jours. Ce qu'il y a de mieux dans ce foutu régime, en plus de la vitesse à laquelle je maigris, c'est la manière dont il m'a dégagé le cerveau. Plus aucune facture ne me culpabilise, étant donné que toute dépense entre dans le processus de mon amaigrissement.

J'embarque donc, on récapitule : un service entier en ferraille à dessins marron et deux coquetiers en verre marine ; et vlan – le rêve réalisé avant de sortir ma Carte Bleue – une paire de pantoufles en feutrine, façon chaussures de troubadour moyenâgeux, avec bout pointu et grelot à chaque pied.

– Vous prenez le service complet, madame ? Très bien, je vais vous demander deux petites minutes, le temps de l'emballer correctement. Si vous voulez, en attendant, vous pouvez me régler. Ça fait mille trois cent soixante francs avec les pantoufles et les deux coquetiers. C'est incroyable, le succès qu'a ce service. Je l'ai rentré en début de semaine, et il va déjà falloir que je me réapprovisionne…

Merde alors, j'ai acheté comme toutes les autres minettes du quartier. Pas venu à l'idée que « à la mode », ça veut dire « comme tout le monde ». Où que l'on aille à partir de maintenant, dans toutes les rues adjacentes à celle des Francs-Bourgeois on trouvera le même service rangé dans le même buffet en faux gros bois à l'ancienne genre *Sweet Home.* Toute cette grégarité me dégoûte et m'enivre en même temps. Je suis en train de devenir une fille comme les autres (je le répète, mais ça m'épate tellement...), une fille qui dépense ses sous pour s'acheter des culottes, de la vaisselle inutilisable et des objets précieux très périssables. Bientôt, aussi, je vais pouvoir aller chez Kookaï et me payer une robe patineuse avec un imprimé à petites fleurs dit « imprimé fermier ». Dire que la semaine dernière j'accusais encore cette maison de prêt-à-porter d'enniaiser les jeunes femmes et que maintenant je la trouve formidable, avec ses prix très accessibles et son look tendance !

Mais c'est pas le tout, j'ai le Caddie plein jusqu'à la gueule et l'après-midi se termine. Il est 5 heures, l'heure de ma pomme verte que je ne manquerais pas pour un empire.

Je fais rapidement mes comptes : 560 + 1360 = 1920 F. Mille neuf cent vingt francs en deux heures à peine !

Oui, bon, et alors ? C'est pas pire que trois paires de Converse rose, mauve et jaune, histoire de passer la saison. Non, là, c'est rien que du constructif, du positif, des choses que l'on va conserver à vie. Surtout le service en ferraille, pas seulement beau mais incassable en plus !

Mon petit Caddie à la main, je rentre à la maison en chantonnant. Je vous jure que j'ai fait tout ce qui est humain pour oublier que j'avais faim, pour lutter contre la tentation. Évidemment, ce n'est pas sans conséquences, surtout financières...

Un dernier coup d'œil dans la rue avant de rapatrier mon petit fourbi chez moi. Et patatras, je lis l'enseigne : *Mariage frères, thés de toutes provenances.*

Du thé ? Mais c'est un mini-miracle ! Comment n'y avais-je pas pensé plus tôt ? Du thé chaud, liquide, sain, drainant, à toutes les senteurs possibles ! D'accord, j'ai dit au centre que je détestais. Mais tout change... Vous m'imaginez – sans tarte à la noix de coco depuis une semaine – en train de redécouvrir cette odeur sans complexe, puisque sous forme de thé je ne prends aucun risque ?

Je me précipite sur les plus fruités : à la mangue, à la cerise, à la fraise, aux quatre fruits rouges, à la noix de coco, à l'orange, à la vanille, à la cannelle. Et cinq cents grammes de chaque sorte.

Le vendeur me regarde avec un air si bizarre que j'ai l'impression d'avoir commandé de quoi faire du marché noir avec l'Est pour dix générations. Qu'importe, c'est le droit le plus légitime que d'aimer le thé et d'en boire à s'en faire péter la sous-ventrière !

L'employé, inquiet, insiste et m'explique sur le ton de celui à qui il ne faut pas en conter sur son métier qu'avec cinq cents grammes par parfum, et compte tenu de la taille d'une boule à thé, j'en ai au bas mot pour deux ans en en buvant deux fois la demi-heure. Je reste totalement sourde à ses comptes d'apothicaire, sauf lorsque je vois qu'il ne m'en met pas assez.

Il obtempère très vite lorsqu'il comprend que c'est le poids que j'ai dit ou la crise d'hystérie dans sa boutique.

L'incident m'a tout de même profondément déstabilisée. En plus, comme il m'a énormément regardée (les premiers kilos en moins, sur cent trente, ça ne se voit presque pas), je ne peux m'empêcher de penser qu'il croit que je gonfle parce que je bois trop.

Je suis certaine d'une chose : qu'il est en train de se dire que je suis une grosse outre. Je vais lui porter l'estocade, à ce gringalet.

– Elles sont à combien, vos théières, là ?

– Comme vous voyez, elles sont très belles, madame [*au cas où j'aurais envie de m'acheter quelque chose de très moche* !], en porcelaine anglaise, entièrement dorées à la feuille d'or et décorées à la main. La petite fait sept cent quatre-vingt-dix francs et la grande neuf cent quatre-vingts.

– Bien, parfait, je vais prendre la petite. Avec sa tasse assortie, s'il vous plaît.

– Très bien, je vous l'emballe tout de suite. Si vous voulez en profiter pour faire un petit tour de magasin pendant ce temps-là, je vous appelle dès que j'ai fini.

Un petit tour de magasin, déjà que son affront vient de me coûter la bagatelle de mille francs !

Ça y est, j'entends la petite voix qui se remet en route. La voix de la culpabilité, celle qui me taraude depuis mon plus jeune âge, celle qui m'a gâché les trois quarts de mes plaisirs, même les plus enfantins. Celle qui dès l'âge de cinq ans commençait à fonctionner au quatrième petit pain au chocolat avalé en cachette. Celle avec laquelle je dois mener une lutte de chaque instant, que j'essaie d'étouffer justement sous les paris-brest et qui en ressort chaque fois plus forte. Celle qui revient me dire à l'oreille combien c'est mal et dangereux tout ce que je m'enfourne, et que plus ça va moins ça va. Que je suis devenue une grosse vache adipeuse à deux doigts du handicap physique irréversible.

C'est elle qui m'a fait aller au centre pour la première fois, qui m'a mise devant un miroir, qui m'a posée sur un pèse-personne. C'est elle aussi qui – plus encore que mes kilos – calcule ce qui reste sur mon compte en banque et crie famine tous les 3 du mois. Y aurait-il un rapport ?

Alors là, aujourd'hui, je ne vous raconte pas comment elle me gueule à l'oreille que c'est le drame total. Elle me souffle que j'ai de la boulimie partout, qu'engranger c'est plus fort que moi. Et elle me dit que je ferais bien de rentrer immédiatement à la maison avant la cata. Parce qu'elle se demande comment je vais pouvoir expliquer rationnellement, à mon homme, toutes ces dépenses complètement folles.

Je prends mon énorme paquet constitué de deux sous-paquets – l'un de cinq fois cinq cents grammes de thé, l'autre d'une théière ornée de feuilles mortes dessinées à la feuille d'or et de sa tasse toute pareille – et j'enfourne le tout dans mon Caddie comme pour mieux l'oublier jusqu'à la maison, cinquante mètres plus loin.

C'est fou la vitesse à laquelle je monte mon premier étage. Depuis huit jours je galope. C'est bien simple : je sème tout le monde dans la rue.

Me voilà déjà en train de vider ma cargaison. Ça me paraît fou de refaire tout si vite. Je me demande même si un certain décalage n'est pas en passe de s'instaurer entre mon corps et mon esprit. Enfin, j'y penserai plus tard. Pour le moment je vide mon « Caddie tonneau des Danaïdes ». Et histoire de remuer la plaie autour du couteau je commence par la fin : la théière. Puis vient le tour des paquets de thé ; ça me fait penser que je n'ai absolument rien pour les ranger. Il me faudrait une espèce de petite armoire à tiroirs sur lesquels je pourrais coller des étiquettes à l'ancienne annonçant de quelle sorte de thé il s'agit. Maintenant, descendons plus bas dans le Caddie... Qu'est-ce que c'est ?

Ah... mon service complet en ferraille. Il trouve magnifiquement et immédiatement sa place dans ma bonnetière.

Tout est déballé, rangé, compté, rien n'est oublié. Mais pour quoi ? Qu'est-ce qu'ils vont recevoir, mes bols, plats et autres assiettes ? Rien, sinon de l'eau chaude vaguement salée au goût de poireau.

J'ai acheté toute cette vaisselle pour qu'elle contienne, dans les jours de grande folie, un bouillon léger dégraissé et un peu de fromage blanc maigre, une once de blanc de poulet, et cela pour les siècles des siècles amen. Jusqu'à toujours. Quand je réalise l'engrenage dans lequel je viens de me mettre volontairement, je me demande jusqu'où peut aller mon masochisme. Et encore la petite voix qui me rappelle de faire les comptes avant qu'il soit trop tard, et qui me taraude aussi pour que je lui explique pourquoi j'ai acheté tout ce fatras en sachant que je ne peux plus rien avaler. À moins bien sûr que je ne songe déjà à relâcher tous mes efforts.

Étant donné l'étendue illimitée de mon masochisme, je décide de céder à ma petite voix sur toute la ligne, de faire sur-le-champ mes comptes de l'après-midi : trois mille francs. Très bien, maintenant je suis en pleine culpabilisation. Pas grave, je vais me passer les nerfs sur un paquet de *shortbreads* (petits biscuits écossais tout au beurre). Ah, c'est vrai, ça non plus je n'y ai pas droit…

C'est simple, je vais craquer. Ce soir, quand il rentrera, mon mari ne verra plus sur les tomettes de la salle à manger qu'un gros paquet de nerfs roulé sur lui-même en direction du frigo, dans un dernier défi aux lois de la pesanteur.

Quitte à foutre ma vie en l'air et tuer le temps, je fourre ma serviette de toilette et mon stick de déodorant dans mon cabas en feutre et direction le centre.

Un taxi, un vendredi soir d'octobre rue de Rivoli, c'est vingt minutes à se geler. J'en trouve enfin un, lui indique l'adresse et ouvre *Elle* aux pages mode. Je reluque avec attention les modèles en pensant que bientôt je vais enfin tous les mettre. En plus, avec mon mètre soixante-quinze, je peux faire dix kilos de plus qu'une autre, j'aurai la même allure et surtout je mesurerai la même taille.

En attendant je regarde jusqu'où montent les Lolita Lempicka et autres Gaultier Junior. Taille 42 ou 44... Bon, nous n'y sommes pas encore, mais il n'y a vraiment pas de quoi désespérer.

– Bonjour, Louise, comment va ?

– Très bien, Sonia, et vous ? Vous m'avez l'air en pleine forme !

– En pleine forme, comme vous dites, Louise... si ce n'est ce petit vent frais qui me prend un peu dans le dos en arrivant. Autrement ça va, pas de problème.

Bon, faut que j'arrête de lui dire que ça va sinon elle risque de flairer le traquenard. La fille qui crève de faim mais qui va, ça c'est sûr qu'elle va. Une espèce de méthode Coué. Je romps d'un coup sec l'atmosphère volontariste, stakhanoviste du régime.

– Dites, Louise, le 20 octobre, je vous le signale tout de suite, je ne suivrai pas de régime. Vous comprenez, c'est le jour de mon anniversaire, alors vous ne pouvez rien faire contre ça. Il y a dix ans que ce jour-là je vais prendre un pied de cochon pour déjeuner, au *Pied de Cochon* justement. Voilà, c'est comme ça, mais je préfère vous en parler une quinzaine à l'avance, parce que sinon vous seriez surprise que le lendemain je n'aie rien perdu. Je pense même que j'aurai un peu repris, mais je m'y remettrai tout de suite, donc ça ne devrait pas faire trop de dégâts.

– Comme vous voudrez, Sonia. De toute façon il me semble que vous m'en aviez déjà touché un mot dès le début de la semaine. Si vous le souhaitez, je vous prêterai quelques recettes de desserts diététiques et très bons. Vous verrez, il y en a même un au chocolat.

Ça y est ! Le grand numéro de la diète goûtue, j'aurais pas pensé qu'elle oserait. Après tout, pourquoi pas ? Elle est payée pour ça. Nous faire maigrir tout en nous laissant garder confiance en l'avenir radieux, celui des cassoulets sans saucisse ni haricots. Sans cassoulet, quoi... mais tout de même très bon avec ses substituts riches en fibres et en vitamines (dans cette nouvelle formule de cassoulet, les haricots blancs ont laissé place à de petits haricots noirs de culture biologique garantis sans féculent).

– C'est bon, Louise, ne vous faites pas de souci. On va se peser, et puis je vous dis que le 20 ce n'est que le 20, pas une débauche sans fin.

– Allez, on grimpe sur la balance, répond-elle simplement. Moins six cents grammes depuis hier ? Très bien !

J'ai cinquante kilos à perdre, je viens d'en perdre six et elle me dit « très bien », ce soir, avec juste six cents grammes de moins sur la balance. Elle se moque de moi, je vous dis, elle me prend pour une idiote. Qu'est-ce que ça peut lui foutre ? Elle fait quarante-deux kilos pour un mètre trente-deux. Maigre et naine, par-dessus le marché. La leptocratie[1] qui m'envahit va me détruire à petit feu. Il faut que je continue à lutter, que je m'inscrive en faux par rapport à ce petit tas d'os.

Pendant ce temps la gredine a fini de me bander. Je me retrouve dans mon sarcophage camphré, gage absolu d'une perte de poids. Qui dit mieux, moins mille calories en une demi-heure, et mille encore dans la journée qui suit le bandage ?

Formidable, merveilleux, sauf que là, aujourd'hui, je ne sais pas ce qui m'arrive, j'ai froid dès l'imposition du bandage magique. Je me dis que j'ai fondu si vite que la solution m'attaque déjà les os. Ou bien que ça a un rapport au cycle, genre qu'à partir du quinzième jour on a beaucoup plus froid. Et puis en plus, c'est pas pour dire, mais on s'enfonce irréductiblement dans l'hiver et on gèle déjà partout, alors sous ces foutus bandages…

Dieu que j'ai froid ! À chaque mini-mouvement un énorme frisson me parcourt l'échine, j'ai les poils des jambes et des bras qui se hérissent. Mon menton tremblote, un-deux-trois je claque des dents, c'est parti pour une heure et demie à essayer de balbutier trois phrases sans avoir l'air d'une malade en phase terminale.

---

1. Autrement dit, en français dans le texte, la dictature de la minceur.

Je lis les gros titres des derniers *Point de vue,* persuadée que l'un d'entre eux va arrêter mon regard. Rien, même les nouvelles les plus croustillantes sur les relations extraconjugales de Diana me laissent de glace. Et le temps qui ne passe pas ! Il y a au moins deux heures qu'il est 6 h 15 !

– Sonia, c'est Louise... Un thé, un café ?

– Non merci, rien du tout. Jamais l'après-midi.

Si elle pense que je vais reprendre mes six cents grammes de la veille en buvant un thé à la saccharine, elle se met le doigt dans l'œil.

Qu'est-ce que je pourrais faire, sans bouger d'un millimètre, qui me permette de tuer le temps ? Dormir ? Comment n'y ai-je pas pensé plus tôt ?

Je ferme les yeux, me laisse aller à de fous vagabondages dans lesquels je m'imagine tantôt en string tantôt en robe du soir à paillettes avec des bretelles ultrafines, parfait apanage des divines créatures.

Puis l'odeur de camphre et de menthol, et l'humidité de mes bandages me ramènent durement à la réalité.

Enfin revoilà la petite Louise, *so pretty* Louise brune à reflets auburn, avec son squelette si gracile et ses petits bijoux de pacotille posés sur de saillantes salières. Son large sourire et son éternelle bonne humeur. Pas un bouton pour orner humainement son visage. Parfaite, jolie comme un cœur. Je la hais. Comment ça peut exister, cette sorte de fille toujours en forme, contente, bien maquillée et habillée ? Tout le contraire de moi, quoi. Moi, je suis une espèce de chose qui cloche de naissance. Toujours un ourlet décousu, un point noir qui se balade dans le creux du nez, la peau des joues grasse et un cor au pied invalidant pour m'orner le quotidien.

En plus, maintenant, un jour sur deux j'ai froid (le centre, c'est tous les deux jours). Seulement je maigris, et pas qu'un peu ! Y a qu'à voir les gens dans le métro, les hommes surtout, leur façon de me regarder. Je lis dans leurs yeux, en lettres de feu : « Tiens, celle-là, au moins, elle ne se laisse pas aller ; quel maintien, quel buste, quelle tenue... » Puisque je vous dis que je le vois dans leurs yeux ! Autant d'encouragements forcent le respect. C'est pour tous ces regards de gentillesse que je continue mon régime comme un brave petit soldat, alternant fromage blanc, blancs de poulet, salade, et du pareil au même dans le sens inverse. De toute façon j'en suis encore à me demander pourquoi je n'ai pas mangé tous ces aliments bien plus tôt. C'est vrai, j'ai l'impression de trouver dedans de quoi me régénérer quotidiennement, de quoi être fière de moi.

J'y pense, à mes blancs de poulet, et puis j'oublie. J'oublie parfois beaucoup plus que je n'y pense. Et c'est le drame. Le paris-brest vient prendre la place du volatile dans mes pensées. Je me demande pourquoi au centre on s'acharne tant à me faire comprendre qu'il est mauvais pour moi. Pas tant que ça, en fin de compte ! N'y a-t-il pas dedans que des choses rigoureusement naturelles ? De la crème au beurre, du sucre, des arômes et des morceaux de noisettes, une petite pâte à choux dont je ne vois pas comment elle pourrait être farineuse ?

Alors voilà, je me révolte, je me demande « pourquoi-comment » on refuse avec tant de véhémence que je déguste, mettons une fois par semaine, un paris-brest. En plus j'ai préparé un argumentaire infaillible : le transit intestinal. Effectivement, la prise hebdomadaire d'un paris-brest (donc d'un peu de gras) permettrait à mon intestin ainsi lubrifié d'effectuer son travail dans les moindres recoins et de me vider radicalement. Le paris-brest a pour moi fonction de lavement. Je dois être très en avance sur la médecine actuelle, et particulièrement inspirée pour avoir deviné les vertus encore cachées de ce genre de gâterie.

Toute ma fin de semaine va se transformer en lutte acharnée entre Moi et moi pour ne pas avaler de paris-brest, ne pas céder aux tentations de lavement intestinal par pâtisserie interposée.

Pour finir c'est Moi qui vais gagner, mon grand Moi, celui qui a décidé de maigrir par les méthodes draconiennes classiques, mais payantes ô combien !

– II –

« VOUS ÉTIEZ SI BELLE EN GROSSE »

J'entame la dernière semaine de mon premier mois de régime. Si je continue comme c'est parti jusqu'au 31 octobre, alors j'aurai perdu dix kilos, quasiment deux tailles de vêtements. J'aurai les pieds tellement dégonflés que je referai du 39 1/2, ma vraie pointure. Oui, mais il faut encore lutter, particulièrement contre ce fameux 20 octobre, date de mon anniversaire. Je me rescinde en deux. Manger-pas manger, résister-craquer, en fait c'est la seule équation de ma vie. Maigre ou grosse. Bien ou mal. Finalement c'est très métaphysique, tout ça, et pas si éloigné de notre cher vieux Kant.

Sauf qu'il est bien mignon, Kant, mais ce n'est pas lui qui va décider à ma place si le 20 je me goberge jusqu'à la gorge ou pas. C'est pas lui non plus qui se prendra un paris-brest dans les fesses si je craque.

Bon, premièrement, il faut absolument que je me déculpabilise. Ce n'est pas sale de manger. Quoi qu'il arrive je ne serai pas en état de péché mortel si je décide de me faire un pied de cochon grillé. Alors pourquoi hésiter ? Je n'ai qu'à me laisser aller, le manger et reprendre l'effort le lendemain.

Mais ma petite voix se refait entendre.

« Reprendre l'effort le lendemain, et si ce n'était plus possible ? Et si le goût du pied de cochon te restait tellement en bouche que tu ne puisses plus t'arrêter d'en manger ? Que tes papilles en redemandent à l'infini ? » Ou bien, plus rationnelle : « Tu n'es pas sans savoir que rompre un régime hypocalorique fait encore deux fois plus grossir quand on est au régime. L'organisme stocke tout ce qu'il trouve, et ton pied de cochon est immédiatement transformé en bouée ventrale. »

Je vais devenir folle à force de me demander si je peux ou non manger le 20, surtout que nous sommes le 19 et que je n'ai toujours rien décidé.

Ce sont une fois de plus les vicissitudes de la vie qui décideront pour moi. Le 20 octobre tombant un jeudi, ni mon bonhomme ni mes amis proches ou mes parents ne sont libres pour un petit pied de cochon entre midi et deux. Ils n'auront le temps que le soir, et encore pas jusqu'à 3 heures du mat', compte tenu du fait que tout le monde travaille.

Le 20 s'annonce très mal, très terne. Seule et triste, je fais le bilan de l'année qui vient de s'écouler après mon fromage blanc de 11 heures. Pas jolie jolie à regarder, l'année. Du début à la fin je me suis trompée. Je me suis laissé prendre aux sirènes flatteuses d'un agent artistique farfelu et d'un producteur en mal de chair fraîche, je n'ai rien fait de bien qu'une épouvantable panouille d'été pour pouvoir partir deux mois à Miami. Total, j'ai englouti pêle-mêle des tonnes de bouffe. De toutes sortes. Des sucrées et des salées, des hamburgers et des déjeuners chez *Yvan,* des paquets de Pepito et des tonnes de mont-blanc chez *Angelina.*

Les mois ont passé et mes rondeurs m'ont étouffée. Au point d'en arriver au régime. Je les hais tous de m'avoir dupée. Trompée. De m'avoir empêchée de travailler en prétextant quelque vague contrat d'exclusivité. Et de m'avoir renvoyée à ma propre liberté, celle de la solitude et de la bouffe. Ne croyez pas que je me laisse aller à une déprime quelconque, mais parfois il faut bien regarder les choses telles qu'elles sont. Je viens de gâcher une année après avoir vite connu – trop vite – les sommets de la gloire collective avec *Frou-Frou.* Dur-dur de se remettre de ce à quoi on ne s'attendait pas et qui finalement fut bien agréable.

Une fois fait le point de la situation, je ne me complais pas plus longtemps dans la morosité. « Action-réaction » ! Mon cri de guerre depuis longtemps. Il est 13 h 30 et je retrouve mon bonhomme devant chez *Joseph-tricots* pour mon cadeau d'anniv'. Cette année je choisis un énorme pull bleu et noir en très grosse laine. Genre scaphandre pour Chamonix. Je pense que je peux enfin porter ce genre de gros truc comme toutes les autres filles, aussi ample que long. Assorti d'une paire de Kickers neuves du même jour : j'ai quinze ans.

Je vais bien dans ma tête et dans mon pull. J'ai l'impression d'être méconnaissable avec mes épaules enfin déliées, mon cou allongé, mes jambes qui se profilent dans mon caleçon bleu marine. Ah ce pull large qui laisse quand même deviner l'acharnement thérapeutique en dessous, quel panard !

La journée se passe essentiellement devant ma glace de salle de bains. Il n'y a pas très longtemps, je me suis aperçue qu'en se détaillant quotidiennement on évitait les écarts pondéraux. C'est vrai, ce n'est pas « sexy sexy », le gras.

On sonne à la maison sur le coup de 5 heures. C'est mon ancienne costumière et amie qui vient me souhaiter mon anniversaire. Je me rengorge déjà. Elle va me trouver tellement changée ! Méconnaissable en même pas un mois !

– Salut, Sonia, bon anniversaire ! Tiens : je ne savais pas quoi te prendre, alors j'ai opté pour les roses. Qu'est-ce qu'il fait bon, chez toi... Comment tu vas ?

Comment ça comment je vais, connasse ? Tu ne me dis même pas que j'ai maigri ? Attends deux minutes que je te remette dans tes vingt-deux mètres !

Ah, ces gens de la mode, ça se croit tout permis parce que ça part en shooting avec Claudia aux Bahamas. Tu vas voir ça, ma grande, comment je vais...

– Des roses roses ? J'ai absolument rien qui va avec, dis donc, même pas de vase ! Tu me diras, c'est pas grave : j'ai jamais su les tenir fraîches plus de deux jours. Bon, à part ça, ton boulot ça avance ? Parce que depuis que je ne te file plus de costume, ça te fait tout de même un sacré trou dans le budget...

– Non, pas du tout. Tu sais, j'ai tout de suite embrayé sur les défilés. Du coup j'ai un boulot monstre et ça me plaît vachement. Mais c'est crevant.

– Oui, je le vois, remarque. T'as tes plaques au visage qui sont vachement revenues ; c'est le stress, ça, tu devrais les soigner très vite, sincèrement c'est pas top quand on te voit de près. Pour quelqu'un comme toi, toujours en contact avec les plus belles filles du monde, méfie-toi…

Touché-coulé, elle a les larmes aux yeux. Son allergie aux premiers frimas de l'hiver est épouvantable, elle se remplit de croûtes violettes qui lui mangent le visage, la laissant quasi défigurée. C'est d'autant plus bête que son corps est splendide, mais qui penserait à s'attarder dessus ? Il faut déjà avoir le courage de descendre jusque-là !

– Mais enfin, tu n'as absolument aucune raison de pleurer, d'abord ça se soigne et tu vas le faire très vite. En plus, avec le corps que t'as, c'est pas trois boutons qui vont te miner. Quand tu penses aux efforts que je fais, moi, pour maigrir, c'est autre chose !

– Arrête, tu me fais rire, maintenant… Remarque j'y ai déjà pensé, à ce que tu pourrais donner version mince, je suis certaine que ce ne serait pas mal. Enfin tu sais je te dis ça mais n'en tiens aucun compte, c'est juste parce que j'en parlais l'autre jour avec mon mec.

Je vais la tuer. Je vais pleurer, prendre un Lexomil et la tuer. Mais d'abord, là, pour le moment, je suis sonnée. Étourdie par tant de mépris de la part de quelqu'un que je considérais presque comme une amie. Tant pis, j'attaque :

– Dis donc, c'est vachement sympa de m'encourager, je viens de perdre neuf kilos et c'est tout ce que tu trouves à me dire ?

– Neuf kilos ? C'est bien, tu fais quoi ? Un régime ? Écoute, excuse-moi, mais avec ton pull, là, on ne voit rien, alors je ne risquais pas de remarquer quoi que ce soit.

Trop c'est trop. Si elle ne se barre pas de chez moi dans les deux minutes qui suivent, je vais faire un malheur.

– Écoute, ma poule. Là je suis désolée, mais il faut vraiment que je me prépare pour ce soir. J'ai invité des amis. J'ai même pas le temps de te faire un petit thé. Remarque, ça doit plutôt t'arranger : tu peux retourner à tes mannequins plus vite. Allez va, salut, à bientôt.

Je l'ai eue complètement. Même pas d'au revoir. Rien. Pas à boire. Pas à goûter. Comme chez les belles qu'elle fréquente. Plus un petit conseil beauté qui fait toujours plaisir. Quelle garce, tout de même ! Comme toutes les femmes maigres, dès qu'on leur marche sur les plates-bandes, c'est l'enfer. J'avais juste le droit d'être la bonne grosse copine pas dangereuse. Celle qu'on peut laisser trois heures avec son fiancé, il ne risque pas de se passer grand-chose. Et puis voilà que je décide de changer, sans avoir demandé l'avis de mes « bonnes copines »... c'est que ça va plus du tout, c'est plus du jeu ! C'est pas comme ça qu'on avait dit !

Oui, mais la grosse se rebiffe, et ça va faire mal. La preuve. Déjà une de rayée et pas la moindre, celle qui m'a habillée au top de mes formes et qui remarquait tout, tout de suite. Cinq cents grammes de pris et c'était une demi-heure de cours magistral sur sa difficulté grandissante à me coudre la moindre blouse. Et très étrangement, là, dix kilos de perdus et rien vu. Eh, il ne faudrait pas que j'aie des montées d'instinct meurtrier en moi !

Je repasse la fin de l'après-midi devant la glace de ma salle de bains en maudissant de plus en plus ma copine.

Le 20 octobre 1994, date fatale de mes trente ans, s'achève sur une folie partagée avec mon bonhomme et mon meilleur ami : un steak grillé salade verte mêlée et une rondelle d'ananas frais.

J'ai gagné, je n'ai pas craqué. Le lendemain, la balance du centre m'annonce un kilo de moins en deux jours. Le nirvâna. Plus rien, à partir de maintenant, ne peut m'empêcher de continuer. Plus d'obstacle, plus d'anniversaire avant celui de mon homme en mai prochain. Bien sûr, vous me direz, les fêtes de fin d'année menacent. J'ai horreur des fêtes de fin d'année. De Noël parce que toute mon enfance il a été sujet à des disputes familiales homériques qui m'ont tout de même laissé quelques vilaines cicatrices ; et aussi du Nouvel An, parce que se sentir obligée de faire la fête me rend neurasthénique depuis mon premier âge. Souvent, pour le réveillon, mon bonhomme et moi en profitons pour aller au théâtre voir une dernière ou un grand classique, puis nous rentrons déguster une douzaine d'huîtres à la maison. Point c'est tout. Mais Noël, la famille... Enfin, on verra.

Donc l'horizon se dégage pour un bon moment. Et c'est tant mieux, je suis toute à mon traitement, à mon alternance de blanc de poulet et de fromage blanc. À mes bandages glacés et à la balance qui chute régulièrement.

Le mois de novembre se déroule sous les meilleurs auspices. Je me crème, je me masse, je fonds. Je suis bien. Certains le voient, ceux qui ne m'ont jamais lâchée et disent toujours la vérité. Ça me fait du bien. Tous les « qu'est-ce que t'as fondu » de la Terre me poussent vers des jours meilleurs, encore plus *light*. Tiens, en parlant du *light* : j'épluche de plus en plus tout ce à quoi j'ai droit. Connaissant par cœur toutes les marques de fromage blanc, je vais vers celui qui a le plus de goût. C'est ainsi que j'établis une nouvelle thèse sur le fourrage que l'on donne aux vaches l'hiver, quand elles ne sont pas au pré. D'abord le fromage blanc est décidément très blanc, beaucoup plus crayeux, donc moins moelleux et moins goûtu en bouche. Il est alors capital, voire vital, de trouver le meilleur. Vous seriez très étonnés de savoir que le mien vient du G 20 du coin. Ce magasin est une espèce de Goum des plus dépouillés, des plus sommaires, avec une tendance latente pour le grunge. Outre le fromage blanc maigre normand, on y trouve une nouvelle race d'artistes maudits, grands et maigres, sortes de clones du New York de la fin des années quatre-vingt, bref Paris avec son délicieux retard. Toujours est-il que ces braves jeunes gens font mon bonheur, ou représentent tout au moins un exemple à suivre. Grande et maigre grâce au fromage blanc.

*

* *

3 novembre

J'entame vaillamment mon deuxième mois de diète. Les questions des journalistes ne vont pas tarder à fuser de toutes les rédactions, certaines reviendront toute la durée du régime. Un leitmotiv quelquefois entraînant, d'autres fois angoissant : « Pourquoi vous être mise au régime, vous qui sembliez si bien dans votre peau, vous qui étiez si belle en grosse ? Racontez-moi un peu en quoi ça consiste, cette histoire de bandages à froid : vous y croyez, vous, au pouvoir de ces bandelettes ? À votre avis, il y a quoi dedans ? »

Je ne sais pas ce qu'il y a dans ces fameux bandages et me fous pas mal de le savoir. Tout ce que je vois, jour après jour, c'est que grâce à eux et à mon plan alimentaire je maigris.

Quant à me demander pourquoi je me suis mise au régime, surtout de la part d'autres femmes, je trouve ça effarant et j'en reviens très souvent à penser qu'elles n'acceptent pas que je puisse changer. J'avais une image, déjà figée au bout d'un an de balbutiements de carrière : la grosse rigolote qui décomplexe tout le monde, avec en prime quelque chose sous les bigoudis ; c'était obligé, écrit dans le contrat ! Et v'là-t-y pas que je bouleverse tout ça sans prévenir personne en me mettant au régime ? Inadmissible, pense la majorité de mes consœurs. Du moins totalement incohérent. Sauf que toutes ces gentilles plumettes de la presse féminine n'ont jamais pesé cent trente kilos, ne savent pas ce que c'est que de dire « tout va bien » quand ça crève les yeux que tout va mal. Elles ont fini par croire à ce qu'elles écrivaient : « Sonia Dubois, une ronde bien dans ses formes », et autres titres aussi explicites. Eh bien il va leur falloir changer de rengaine, ça va leur faire du boulot. Sans compter que j'ai beau m'expliquer sur tous les tons, leur dire le plus crûment possible comme c'est infernal de ne plus pouvoir monter ou descendre les escaliers sans suer sang et eau, de ne plus trouver quoi se foutre sur le dos, et de voir sa libido s'amoindrir à vue d'œil, elles restent muettes, pensant qu'il était beaucoup plus important pour moi et mon avenir que je reste comme j'étais afin de ne pas traumatiser les gens qui m'étaient devenus fidèles, ni les femmes qui se retrouvaient en moi. En bref, Sonia, vous qui êtes la première connue à véhiculer une réelle image de *coach potatoes*, pourquoi vous donner subitement des allures de Parisienne ?

Voilà ce qu'il faut comprendre, sous les salamalecs des interviews : chacune à sa place et Dieu pour toutes. J'ai osé enfreindre une loi établie. Et avec le sourire, en plus. Ah oui, j'oubliais : je maigris en forme et avec le sourire, le moral et l'envie farouche d'aller au bout de l'effort, ce qui agace prodigieusement toutes celles qui vont me soumettre à la question. Questions qui deviennent d'ailleurs de plus en plus perverses : « Et avec votre mari, comment ça se passe maintenant ? Accepte-t-il que vous vous soyez mise à mincir ? Est-ce lui qui vous l'a demandé ? » Et je réponds à ce flots d'inepties parfois humiliantes avec un naturel et une décontraction qui m'étonnent la première.

Enfin, le calme apparent ayant toujours été ma meilleure arme, je ne vois pas pourquoi j'en changerais aujourd'hui.

Alors que Louise me bande et débande en cadence, je réponds à ce flot de questions existentielles sans cesser de m'affiner. Et ça me plaît.

À la mi-novembre, une inextinguible envie de grillades me prend. Mais où les préparer sinon dans une cheminée, alors que je n'ai pas de cheminée ! Ça me manque plus que cruellement de ne pas en posséder, d'abord parce que je pourrais m'y réchauffer tout entière en revenant du centre, ensuite parce que j'y ferais cuire tout ce que j'aime.

Pourquoi n'ai-je pas pensé à louer un appart' avec cheminée, je vous le demande un peu. Je n'aurais pas l'impression d'aller d'endroits froids en lieux glaciaux. Enfin, il faut bien que je fasse sans.

Alors une idée parfaitement folle me vient à l'esprit : pousser le chauffage à fond pour que ça fasse aussi chaud que si j'avais vraiment une cheminée, et mettre ma drêche entre mes deux fenêtres principales, là où j'aurais volontiers posé mon âtre.

Finalement, il en va de mon « idée de cheminée » comme de mon corps, il faut absolument et très vite que ça fasse mince. Le problème, mon problème, c'est le syndrome Canada Dry : il faut toujours que ça ressemble sans jamais être tout à fait ce qu'il faudrait que ce soit. Genre moins grosse mais pas vraiment mince, bel appartement cosy mais sans cheminée.

Bien entendu, je peux chauffer autant que je veux, je n'aurai jamais les trous de nez inondés par les sardines grillées, les gambas ou les gros bouts de viande. Alors à quoi bon un leurre sans odeur, sans compter la note d'EDF ? Mon désespoir me reprend. Celui de ne même plus avoir droit à l'odeur des choses.

C'est comme ça que je finis toujours par me rabattre sur une de mes boulimies annexes : le shopping. Mais après tout, qui pourrait en vouloir à quelqu'un qui ne peut plus manger ? Personne. J'atteins alors les sommets de la déculpabilisation et ça repart pour un tour de Marais. C'est qu'avec les premiers frimas il serait plus que temps que je me mette en quête d'un manteau. Ce n'est pas ce qu'il y a de plus compliqué chez moi : ça fait maintenant une petite dizaine d'années que j'ai opté pour le duffle-coat de Gloverall, très ample, très confort, très chaud. Le premier qui dit que c'est pas un manteau de fille, gare à lui. J'ai déjà dû me l'acheter au moins une fois en rouge, en camel et en blanc, comptez deux à trois hivers chaque et vous avez le compte. Non, cet hiver, j'opterais volontiers pour le bleu marine, histoire d'avoir comme un air d'*Au revoir les enfants.*

Je n'arrête pas là mon look austère, je me suis commandé de grandes jupes noires et leurs pulls assortis à La Redoute. Avec mes Kickers, ça me donne une allure à la Yohji Yamamoto en deux temps trois mouvements.

Mais là, aujourd'hui, je ne m'occupe que de mon duffle-coat, que je trouverai comme tous les ans en réclame aux Galeries Lafayette.

Ça y est, touché ! Je l'ai vu je l'ai pris. Et je ne suis pas déçue : en 2XL, un miracle ! Ça me va. Il me tombe bien à mi-mollet et se ferme en gardant toute son aisance. Quel pied ! Et quelle allure : ma longue jupe noire dépasse par le bas, et les manches de mon grand pull sortent par les poignets. Quant à mon col roulé, enfin un délié de cygne ! Non, franchement, le tout fini par mes Kickers me donne une allure que je n'ai jamais connue auparavant, une sorte de longueur, de minceur extrême, sans compter mon visage dont l'ovale se dessine enfin sous le bourrelet de mon futur ex-double-menton.

Je suis heureuse, j'erre dans la rue des Francs-Bourgeois comme une égérie japonaise, je le crois très fort et ça me sauve de tout. Surtout du ridicule.

La nuit va tomber sur cet après-midi ô combien fructueux et encourageant. 17 novembre, soit sept semaines ininterrompues de régime payant : moins dix-neuf kilos. Une espèce de renaissance s'opère en moi. Plus on avance vers l'hiver et plus j'ai froid, plus j'ai envie de me montrer. Ça ne m'est jamais arrivé de ma vie.

Non, jamais. Et pour cause : je n'avais pas trois minutes d'existence sur cette Terre que je faisais deux kilos de plus que n'importe quel nouveau-né. Soit cinq kilos. Et la malédiction ne m'a jamais quittée, pensez-vous. À dix ans, à la fin de mon CM2, j'arborais mon premier soutien-gorge. À l'heure où mes petites camarades ne pensaient qu'à leurs performances à la marelle, moi je passais mon temps à tirer sur les bretelles de cet engin précurseur de mon "martyre de l'obèse", sans compter que je luttais avec véhémence contre les tee-shirts transparents pour que mes copines ne remarquent pas sa présence. Puis, les années passant, l'adolescence est arrivée, et alors que toutes les nénettes de ma classe voyaient leur taille s'affiner, leur profil se féminiser, moi je m'empâtais avec une constance qui confinait au record. C'est ainsi qu'en troisième j'approchais à grands pas le quintal : je pesais quatre-vingt-dix-neuf kilos !

Franchement ce n'était plus très drôle, je n'avais plus l'âge de ressembler à un gros bébé joufflu prépubère. Ni celui d'être une mamma. Au contraire, j'aurais normalement dû goûter aux joies des premiers flirts. Difficile, avec ma bouée de gras débordant de mon jean. Ah ça, pour être gratinée je l'étais : outre une paire de jeans compressante, je portais d'énormes lunettes d'écaille et un appareil dentaire métallique destiné à me faire perdre mon cheveu sur la langue, de grandes chaussettes bleu marine en laine et des Kickers aux pieds. Le tout surmonté d'un épais trait de khôl noir sous les yeux, et de multiples écharpes mauves. Très allurée, la fille. Mes parents devenaient fous. De désespoir. Je n'étais plus qu'un estomac, alternant du matin au soir Nutella et Pepito. Alors une grande décision fut prise : me conduire chez l'endocrinologue, car si j'étais grosse il ne pouvait s'agir que d'une pathologie inconnue, sûrement pas des gratins dauphinois, spaghetti, pizzas, hachis Parmentier que l'on consommait quotidiennement à la maison. Pensez-vous !

On me soumit à une batterie d'examens des plus divers pour constater que mon grand corps ne souffrait de rien d'autre que d'une overdose de chocolat, de paris-brest et de pâtes à la sauce tomate. Il fut donc décidé de me mettre au régime. Très strict, le truc. Le genre « si t'es grosse, ma petite fille, c'est que t'as pas de volonté ; alors si t'en as pas pour maigrir, t'en auras pour rien ».

J'avais quinze ans, on me culpabilisait sans arrêt et j'étais terrorisée à l'idée d'entrer en seconde – dans une classe mixte ! – avec cette allure-là. J'ai donc suivi les instructions de ce Dr Mengele de la silhouette et, trois mois plus tard, à coups de coupe-faim à base d'amphétamines, en septembre je pesais soixante-quatorze kilos, c'est-à-dire vingt-cinq kilos de moins.

J'entrai donc en seconde le ventre vide, mais les fesses rebondies dans un milleraies marine. Et comme toutes les autres – enfin –, j'allais connaître les premières vicissitudes des roulages de pelle à la récré. Bref la vraie vie, quoi.

Je tins deux ans comme ça, avec l'aide de papa-maman (enfin… on en reparlera) qui faisaient livrer à la pension mes légumes, fruits et viandes maigres. Rendez-vous compte qu'en cuisine on me préparait des plats à base d'eau chaude au fenouil rien que pour moi. Un privilège d'enfant de riches ? Tu parles, Charles. J'ai été la risée de tout le lycée pendant deux ans, excepté certaines de mes copines, qui savaient déjà faussement s'apitoyer sur le cas des autres.

Bon an mal an, me voilà en terminale avec un programme scolaire surchargé et la volonté chevillée au corps de réussir mon bac pour retrouver mon petit ami à Paris. Puis, d'un coup, tout se détraque dans ma vie d'élève quasi modèle. Le ménage de mes parents bat de l'aile, comme chez tous les couples qui ont déjà vingt-cinq ans de mariage et encore le double à tirer. À cet âge-là il n'en faut pas plus pour remettre en question une bonne éducation judéo-chrétienne pas si solide que ça.

Le refus de juger mes parents me torture davantage chaque jour. Et là-dessus j'apprends que mon petit ami n'est pas exclusivement le mien, qu'il vit sa vie de jeune étudiant parisien à fond les ballons : toutes les filles de sa promo, à l'EFAP, passent plus de temps dans son lit qu'en cours. Le coup au moral ! Là je vois rouge et commence à accumuler les conneries. Chaque lundi matin je prends le train, faisant croire à tout le monde que je vais en classe alors que la plupart du temps je pars pour Paris, à la recherche éperdue d'un amant perdu lui aussi.

Ma vie devient de plus en plus chaotique. Et comme d'habitude, parce que je ne sais pas que je pourrais m'en sortir autrement, je me remets à manger comme une folle, à ingurgiter des tonnes de « n'importe quoi » du matin au soir. Mon copain ne tarde pas à se lasser définitivement de mes bourrelets revenus : il me plaque. J'ai dix-sept ans, une famille à la dérive, un chagrin d'amour que mes parents mettront dix ans à comprendre, et pas encore mon bac. Il faut que je sauve ça coûte que coûte. Et comme le monde n'est jamais totalement injuste, je décroche mon bachot en juin 1982. Du coup, ému par mes performances en philo et en russe, mon petit ami me remet le grappin dessus. Il rêve que je parte le rejoindre en fac à Paris. Bizarre, moi je ne rêve plus. En tout cas plus de lui, mais de Paris si, bien sûr. Et puis surtout, je ne sais pas quoi faire comme études. Médecine ? Pas la peine d'y compter, je ne tiendrais pas la route en bio. Droit ? Autant me couper une patte. Alors je m'inscris en philo... vous savez pourquoi ? Parce que mon prof de terminale était le sosie de Mastroianni. Où va se nicher la passion, tout de même !

Je commence à Lille en octobre. Je refais cent kilos. Mais plus les mêmes cent kilos. Ceux-là, je sais pourquoi je les porte : ils sont les pansements de toutes mes blessures familiales, bien sûr, et affectives par-dessus le marché. Et j'en suis très fière, parce que avec eux je hurle mon mal de vivre à la face du monde. Ils sont dérangeants pour les autres, ces kilos, c'est mon père et mon ex-petit ami qu'ils culpabilisent, et ça me plaît de les faire chier.

Perverse, folle ? Non, égarée. Et ne croyez pas que j'engendre la mélancolie. Pas du tout. Je suis pétulante comme jamais. Ce sont les débuts des radios libres, j'y fais les miens à Lille. J'y apprends les premiers rudiments de ce qui deviendra mon métier. Mais surtout, je tombe raide sur une espèce de drôle de chose. Un grand garçon, immense, avec tout de gigantesque : ses bras, ses mains, ses jambes, ses pieds, ses verres de lunettes, et sa coupe de cheveux à la John Bon Jovi (!). Affreux. C'est le premier truc qui me vient en tête : je me demande ce qu'on peut faire au ciel pour être aussi laid. Puis je me pique d'intérêt pour cette absolue non-beauté. J'approche l'homme et l'apprivoise. À le regarder de plus près, je devine à travers ses carreaux qu'il a de superbes yeux bleus ourlés d'un trait naturellement mauve. Une bouche comme dessinée au crayon, des cheveux aux reflets auburn et des taches de rousseur craquantes sur les joues. Mais je vous le répète, fallait y regarder de près pour voir tout ça. En plus, ça ne l'empêchait pas de porter des mocassins de skaï à vomir ni de retrousser le bas de son jean. Comment peut-on se foutre de son look à ce point-là ?

– Comment ça, « elles sont pas belles », mes chaussures ? Déjà qu'elles sont toutes les deux de la même couleur, c'est pas si mal. Et puis c'est fait pour marcher, pas pour être beau !

Pareille réponse sur quelque chose d'aussi essentiel que les chaussures me désarme complètement, m'intrigue, me perturbe et m'envahit d'une sensation nouvelle : et si ce gars-là avait tout compris de la vie, s'il s'était débarrassé de l'apparence pour cultiver l'Être ? En plus, c'est vraiment un supercrack en tout. Rien ne lui échappe, il comprend tout, il n'a jamais peur de rien, il sait jouer avec la vie, lui tenir tête et gagner. Ça me bluffe totalement.

Peu à peu, mon intérêt se transforme en passion dévorante. J'essaie bien de me reprendre en me disant que franchement il n'est pas beau, le contraire du genre de type que j'ai toujours cherché, et pourtant ma petite voix ne cesse de me répéter qu'il est l'homme de ma vie. Alors si je le sens bien parti comme ça et que ma conscience me le confirme, il faut qu'il se passe quelque chose entre nous. Ce qui ne tarde pas à arriver. En novembre 1982, dans un bistrot – le plus crade de Lille à cette époque-là –, bêtement, entre deux Gueuses (la bière de chez nous, enfin de la frontière belge). Et cela fait treize ans qu'on ne s'est plus quittés.

S'il était gêné par mon poids ? Autant que par la qualité de ses godasses en plastique. Aucune espèce d'importance, pour lui l'essentiel est ailleurs.

– Mais où tu crois que je suis belle, si ça se voit pas ?

– Dans tout ce que tu me dis rien qu'à moi.

– Ça alors, ben t'es un romantique, finalement ?

– Comme un kilo de carottes râpées.

Le voilà tout résumé, mon bonhomme, romantique comme un kilo de carottes râpées. N'empêche que je l'ai fait se découvrir à lui-même, et que maintenant il est très beau. J'y ai parfois pensé, en fait il m'a aimée à dix-huit ans parce que, comme tous les gens qui n'ont jamais rien eu, la seule chose que je savais faire c'était donner.

Voilà, tout ça pour vous dire que j'ai rigoureusement toujours été grosse, sauf une incartade de quinze à dix-sept ans. Alors pensez que le coup du « viens chéri que je te montre mon string en peau de panthère », j'ai jamais pratiqué. Mais ça n'empêche aucunement de s'en sortir !

Enfin je me sens libérée de mes kilos comme de ma boulimie [1]. Je la regarde en face, je l'affronte, mon estomac la pétrit et me le fait durement savoir, mais à partir d'aujourd'hui je sais que j'ai gagné car j'ai plus envie d'être élégante que de manger. J'ai inversé la vapeur. Et il y a tant d'énergie en moi que je pense pouvoir affirmer que c'est pour toujours.

La fin du mois se passe entre les bandages glacés et camphrés de Louise au centre, mes pesées toujours encourageantes et le retour à la maison, maison inodore et sans cheminée.

Je suis de plus en plus souvent couchée et j'ai de plus en plus froid en revenant du centre à mesure que nous entrons dans l'hiver. Je me réchauffe sous ma vieille couette, quoique le froid m'assomme la plupart

1. Bon, je sais. C'est exagéré, dans mon cas, de parler de boulimie. Au sens médical du terme, je n'ai souffert que d'hyperphagie, le premier stade de la chose. Alors maintenant que c'est dit, n'y revenons plus, je continuerai de parler de boulimie si je veux.

du temps et ne me permette jamais de voir complètement un épisode de *Love Boat*. Je me réveille généralement à la fin de *Magnum* et je zappe tout de suite sur le début de *Nulle part ailleurs*. À ce moment-là, j'avoue que mes vieux démons resurgissent et virevoltent dans ma tête. Saucisson sec et autres baguettes beurrées, plateaux de fromages et bières brunes se suivent dans un cortège enivrant, et c'est là qu'il faut vraiment que je serre les poings pour ne pas « retomber ».

J'ai trouvé plusieurs solutions, dont la première consiste à commencer de laver, éplucher et couper en dés les plus petits possible mes légumes du soir. Je commence mon entreprise à 18 h 45 et la termine à 19 h 30, puis mon bonhomme rentre du bureau. Là, je lui prépare son apéro avec petites rondelles de rosette de Lyon. Mais je n'en prends jamais.

C'est une espèce de jeu machiavélique auquel je me plie tous les jours pour repousser les frontières de la tentation. Je lui prépare moi-même son saucisson, je le touche, le sens et y reste parfaitement étrangère. Je me répète simplement mais fermement que « je n'ai pas le droit ». Car c'est simplement un problème de « droit ». Je me parle comme parlerait un quelconque magistrat : « La loi est la loi, et nul n'est censé l'ignorer. »

Sauf que je ne sais pas pourquoi ce soir en particulier je me dis : « J'ai déjà tellement bien décollé, je me rhabille déjà si différemment que je me permettrais bien un écart. »

Mais ma petite voix m'empêche de commettre l'irréparable :

« Manger du saucisson en cachette dans ta cuisine ? De mieux en mieux ! Te voilà repartie comme en 14 ! Rien que du gras, et c'est planquée en dessous de l'évier que tu te l'avaleras discrètement pendant les infos, je présume ? Ah, il n'y a pas à dire, c'est féminin de puer la cochonnaille et d'être forcée de l'avaler vite fait sans la mâcher ! Et surtout, quand tu auras les premières brûlures à l'estomac, ce sera le pied total. Je te signale que tu as jeté ton Maalox un jour de courage démesuré – ou de raison retrouvée, comme on veut... »

Je me bats et me débats avec ma petite voix, mais elle gagne très vite, parce que j'ai décidé qu'à partir de maintenant elle gagnerait toujours. J'ai honte d'avoir été tentée. Et puis je me dis que je suis folle de saborder en trois bouchées une journée de froid et de faim.

Ça y est, les carottes sont cuites, un peu de fromage blanc aux herbes dessus et mon bonhomme en face avec ses carbonara. Dix ans que je luttais au coude à coude pour que nous devenions un vrai couple parisien, et c'est fait. Moi grande fille fine « tendance » en face d'un homme jeune et brillant qui déguste tout ce qu'il veut puisqu'il ne grossit pas. La parfaite répartition des tâches, comme l'entend *Cosmopolitan* et le déplore *Marie-Claire.*

Nous sommes enfin branchés, au sens où l'entendent les cinq arrondissements du centre de Paris. Et c'est pas rien, mais un effort de tous les instants ! Sans jamais un moment de relâche entre la prise des dernières vitamines importées des *States*, qui vous garantissent un hiver en béton sans goutte au nez, et le test comparatif du prix du ginseng en branche ou en liquide. Ça c'est de l'aventure urbaine post-moderne ! Entre nous, un brin chiante passé quinze jours... À moins que comme moi vous n'ayez un (ou une) ami(e) anorexique qui vous explique tout sur tout, des graisses végétales mono-insaturées aux compléments alimentaires protidiques. C'est bien, l'ami anorexique, en période de diète. Son avantage principal ? Il ne vous demandera pas à manger autre chose que ce que vous absorbez vous-même, et tous les jours il vous prendra par la taille en vous signifiant son bonheur grandissant devant votre silhouette enfin retrouvée.

Outre les précieux conseils qu'il vous prodigue de bonne grâce, trop content de penser qu'il fait de nouveaux adeptes, l'anorexique est aussi extrêmement branché côté fringues. Au premier coup d'œil il voit quelle taille vous devez prendre pour votre nouveau 501. Je sais que le mien m'a prédit du 48 pour la mi-décembre, dans trois semaines en fait. Au début je ne l'ai pas cru, puis il a fini par me convaincre au point que j'ai redoublé d'efforts et diminué encore mes calories pendant les trois semaines qui me séparaient de l'achat.

L'anorexique est un grand pervers pour lui et pour les autres. Il ne poursuit qu'un but : être le plus frêle possible pour qu'on ait pitié de lui. C'est bête comme chou mais c'est comme ça : il veut qu'on ait pitié de lui. Et il entraîne ceux qu'il aime dans le même chemin. Pour attirer l'œil du reste du monde sur nos pauvres cas. Faut-il être fou pour développer ce genre de raisonnement, tout de même !

J'avoue pourtant sans honte que depuis quelque temps cette théorie à la mords-moi le nœud me séduit totalement. Être frêle, gracile, pâle, efflanquée, attirer sur moi le regard des autres qui tout d'un coup se demanderaient : « Mais qu'est-ce que ça peut cacher, cet état ? Elle souffre à l'intérieur, ce n'est pas possible autrement ! Voyez ! On la disait forte et dégagée de tout, on avait tout faux, encore une écorchée vive ! »

Le syndrome de l'écorchée vive. Voilà ce que je voudrais développer à partir de maintenant.

C'est vrai que ce n'est pas gagné, que je ne suis pas encore le sosie de la « brindille » Kate Moss. Mais pourquoi je n'y aurais pas droit, moi aussi ?

*

* *

Je finis le mois de novembre dans une sorte de stakhanovisme suraigu du bandage. Au centre tous les jours, maintenant je lis, je discute avec Louise, je fais copine-copine – mais pas trop – avec les autres clientes qui se meurent d'angoisse pour les cinq pauvres kilos qu'elles veulent perdre. Tantôt je les comprends, tantôt je me rebelle en pensant au chemin que j'ai fait et qu'il me reste à parcourir. Alors là elles m'ennuient et m'excèdent, je me replie sur moi et ne leur parle plus. L'absence de parole chez moi est si rare qu'elle témoigne d'un vrai malaise. Surtout lorsque quelques-unes de ces dames se risquent à me dire qu'elles ont perdu deux kilos en trois semaines et que j'y arriverais sûrement, moi aussi, si je suivais parfaitement le plan alimentaire.

Dans ces moments-là une immense déprime m'envahit : je ne peux pas m'empêcher de me dire que personne ne s'aperçoit que j'ai déjà perdu vingt-deux kilos. Et si c'est le cas, est-ce à dire que cela ne servirait à rien ?

D'accord, vingt-deux kilos sur cent trente, voilà qui fait moins d'effet que sur soixante-cinq... Mais quand même, ce n'est pas possible qu'elles ne voient rien ! C'est juste la méchanceté et la jalousie qui les font parler et réagir comme ça ! En plus elles ont toutes entre quarante-cinq et cinquante-cinq ans et – des régimes – elles en ont tellement essayé qu'elles sont devenues récalcitrantes à tout traitement. Deux kilos de moins en trois semaines, vous parlez d'un score !

Là-dessus je vais mieux, ma petite voix m'a apaisée. Je ne tarde pas à la faire taire et à m'engager vite fait vers le Prisu des Champs-Élysées dès que je sors du centre.

Aujourd'hui, opération petites culottes. J'ai une envie folle de froufrous, de bouillonnant, mais aussi de blanc. Quelque chose qui me fasse à la fois des fessiers et un ventre plats, sans compter l'allure juvénile. Simple et pratique à trouver, quoi. Je fouille. Farfouille. Mes doigts glissent le long des petits cintres portant des culottes de toutes les couleurs et de toutes les marques, mais pas de toutes les tailles : maintenant que je n'ai plus aucun souci de poids (enfin presque...), lançons-nous dans un 48 de chez Dim qui me semble très bien taillé.

Je trouve plein de modèles différents. Des blancs montants, couvrant bien les fesses et « englobant » le ventre avec une fantaisie à l'élastique et deux bords ajourés sur chaque côté. Ce n'est pas encore le Crazy Horse, mais déjà un pas considérable vers un certain *sex-appeal.* Et il n'y a pas que ça, dans ce temple de la petite culotte et de l'eau de Cologne Mont-Saint-Michel ; il y a aussi des modèles beaucoup plus échancrés, aux dessins chargés de cerises ou de fleurs, le tout dans des couleurs assez psychédéliques : orange, bordeaux, turquoise, citron. Allez ! Une de chaque ! Du moment que c'est du 48, c'est bon. J'attends impatiemment mon tour à la caisse, la machine accepte une fois de plus ma Carte Bleue pour quatre cent quarante-cinq francs. Un petit sac de plastique blanc et hop ! direction le métro.

À la maison, j'enlève à grande vitesse mon jean et mes Kickers pour enfiler le modèle blanc : il n'y a rien de trop, faut être honnête, mais vu que c'est couvrant et que de toute façon je n'ai pas fini mon régime, c'est carrément bon. En plus, vraie vertu, ces culottes me rentrent le ventre. Reste tout de même un petit souci : si déjà les grands modèles sont justes, comment ça va se passer pour les autres ?

Je suis seule chez moi, je ne risque aucun quolibet, pas même ceux de mon mari, souvent très acides en matière d'essayages vestimentaires. J'enfile la culotte bordeaux. Si c'est moche, ça se verra moins qu'avec la turquoise : une couleur foncée c'est toujours plus allongeant.

J'ose à peine me regarder dans ma grande glace de salle de bains. Affreux, affreux ! Le gras de mon ventre ne trouvant aucune place à l'intérieur de ce minuscule triangle de tissu, tout dépasse de partout. Au-dessus, un bourrelet des plus flasques. Mais ce n'est rien en comparaison des côtés : vous savez, ce qui relie le ventre aux cuisses. Atroce. Et c'est si mou ! J'ai l'impression que la graisse qui m'entoure les hanches va tomber par terre si je ne remets pas tout de suite une « culotte-cache-misère-soutien-tout » et à col roulé !

Avant de m'effondrer en pleurs, j'ai une idée qui va me sauver. Si je renfile mon jean au-dessus de ce tas de mou, personne ne verra que c'est « un peu juste ». Et moi je suis si fière, tellement heureuse de mettre des culottes de minette ! Après tout, pourquoi j'aurais pas les mêmes que les autres ? Pourquoi cela me coûte-t-il si cher de ne pas être « juste comme les autres », toutes les autres ?

C'est fait. J'ai remis mon jean. Génial, on ne voit pas du tout que ça manque d'ampleur. On devine juste la marque d'un élastique en triangle en dessous de mon 501, et je trouve cela très sexy. J'ai attendu des années pour savoir comment ça faisait, eh bien il n'y a pas de sensation plus agréable au monde que celle de ressembler à une fille. À une vraie fille.

Finalement, je commence à les comprendre. Toutes. Qu'elles veuillent être jolies ne signifie pas qu'elles soient toutes des salopes, mais juste qu'elles vont bien et qu'elles mettent toutes les chances de leur côté pour que ça continue.

Nous sommes le 30 novembre et je viens de réaliser que je suis une fille. Qu'il n'y a rien de plus beau au monde que des fesses de fille. Et que nous consacrons notre entière énergie à les conserver aussi fines et fermes qu'à quinze ans (surtout les quinze ans des autres).

Il ne s'agit pas ici d'une nouvelle étape dans mon régime mais d'une réelle et immense victoire, bien plus profonde et signifiante que toutes les autres : celle qui consiste à vouloir devenir comme tout le monde, même si c'est long et difficile. Finalement, la « masse féminine » a sans doute raison.

Forte de ces vingt-deux kilos perdus – et d'une nouvelle éthique mûrement réfléchie –, je décide de monter jusqu'à la place des Abbesses, dans le XVIIIe arrondissement, chez mon médecin traitant. Il y a dix ans qu'il me suit une fois par mois. Qu'il calme mes angoisses existentielles nombreuses et plus ou moins douloureuses. Il n'est ni un confident ni un psychanalyste, mais mieux que ça, en tout cas pour moi. Il est une pause dans le tourbillon aux repères flottants de ma vie. J'ai l'impression que quand je passe une demi-heure à parler avec lui, il n'y a que moi qui existe. Il m'écoute, me dit peu de choses, mais assez pour qu'elles me renvoient à ma propre liberté un peu grandie. Enfin je le pense, lui moins. Moins parce qu'il y a dix ans que sur tous les tons il a désespérément essayé de me mettre au régime, en vain. Il s'est d'abord montré très neutre, puis paternaliste, puis alarmant – radio de ma colonne vertébrale à l'appui –, puis dur, me disant qu'il s'agissait après tout de ma santé, pas de la sienne. Et depuis le début de l'été dernier plus rien. Silence complet sur mon poids, il se contentait de soigner les conséquences de plus en plus douloureuses : épines sous le calcanéum (espèce de calvaire qui vous cloue au lit des mois durant puisque vous ne pouvez plus poser les talons par terre), dégradation très nette de mes becs de perroquet aux cervicales entraînant le port d'une minerve, et enfin mes deux hernies discales qui ne cessaient de produire des inflammations périphériques de plus en plus insupportables. Bref, en juin, je n'étais ni plus ni moins qu'une handicapée physique. Une sorte de grosse dame, haletante et ventripotente, à l'âge indéterminable.

Tout le monde pense qu'il n'y a que les alcooliques et les drogués qui s'enlaidissent. Faux, il y a aussi les grands boulimiques, mais personne n'y pense. Personne. On se dit juste « tiens, quelle bonne grosse, elle doit avoir un sérieux coup de fourchette, on ne doit pas s'ennuyer avec elle ».

Il n'y a que Gérard B., médecin généraliste à Paris, qui sache que tout ce que je dis aux journalistes est faux depuis le début. L'ai-je répété, que je me sentais bien en grosse, que j'étais à l'aise dans mes baskets... Balivernes ! Gérard B. sait que j'ai une âme d'enfant, que je voudrais ressembler à une petite fille, mais que mon appétit me trahit.

Comment voulez-vous que je ne mente pas aux journalistes ? Vous m'imaginez, au mois d'octobre (quand je pesais mes cent trente kilos), en train de leur expliquer que tous les matins, au bord de ma fenêtre, j'hésitais entre me balancer ou reprendre trois tartines beurrées ? D'abord, j'ai tout de même un fond de pudeur qui m'interdit toute autopsychanalyse genre café du Commerce. Et puis il est hors de question que je me désavoue. Alors je persiste et signe. À la question : « Comment va-t-on quand on fait un peu plus de cent kilos ? », je réponds avec un acharnement thérapeutique que je vais parfaitement bien. Que je vis comme n'importe quelle autre femme, même ma vie de couple, que je fais mes courses, le ménage et le repassage seule chez moi, sans l'aide de qui que ce soit.

Après tout, ça ne regarde personne si je sue comme un bœuf chaque fois que je rapporte un litre d'eau de l'épicerie. Ni si je dois prendre un bain après mon repassage hebdomadaire. Quand elles me demandent comment je trouve de quoi m'habiller « toujours vachement drôle, jeune, sympa », vous ne croyez tout de même pas que je vais leur faire le plaisir de leur dire combien me coûtent ma petite cousette tous les mois, ou les allers-retours Paris-New York pour mes petites-grosses culottes et mes soutifs. Pensez-vous, je garde la tête haute et réponds un merci très policé lorsqu'elles me complimentent sur mes trouvailles. Mes souffrances, elles n'y voient que du feu, les journalistes, et tant mieux. Avec tout le mal que je me donne, ça me ferait vraiment flipper que l'une d'entre elles découvre la vérité vraie !

Elle, il n'y a que mon docteur qui la connaisse, même s'il ne croit plus du tout et depuis longtemps qu'un jour j'arriverai à ressembler à un mixte Hardy-Birkin. Il connaît parfaitement mon état de déprime absolue : représenter physiquement l'inverse de ce à quoi je rêve.

Vous savez, je vais être très franche, on tient un moment en se mentant à soi-même, et puis un jour patatras. Tout vous pète à la gueule et vous décidez que ça change ou que la machine s'arrête. C'est aussi simple que ça. Moi j'ai eu le flash le 1er octobre. Ma petite voix m'a dit : « Maintenant, deviens ce que tu es au fond de toi, une grande maigre puisque c'est comme ça que tu te sens dans ta tête et que tu ne veux pas devenir schizophrène. »

Alors je me suis mise au boulot. Et dans trente-cinq kilos j'aurai ce que je veux. Puisque je l'ai décidé, plus rien n'arrêtera ma course vers le bonheur. Car qu'est-ce que vous croyez ? Comme toute une chacune normalement névrosée sans plus, j'aspire au bonheur, même si jusqu'à maintenant j'ai eu quelques ratés. Et surtout un raté de taille : mon poids.

Mettons les choses à plat. Avec ce corps disproportionné, comment vouliez-vous que je fasse croire à qui que ce soit que je ne suis rien d'autre qu'une petite fille avec les rêves d'une mioche de cinq ans ? Et je ne blague pas ! Une de mes promenades préférées, dans Paris, c'est la rue Saint-Honoré, pour aller voir les poupées et les jouets du *Nain Bleu*. Je voudrais toutes les avoir, changer leurs habits, faire partie d'un club où on ne parlerait que de ces beautés en celluloïd. J'en arrive à jalouser les vraies petites filles d'avoir le droit de promener leur poupée « en liberté » dans la rue. Surtout que je trouve qu'elles n'en prennent aucun soin, les traînant le plus souvent par les cheveux. Mais j'ai aussi la haine quand je les vois en Petit-Bateau, tee-shirt et petite culotte rayés rose et blanc.

Et puis l'enfance ce n'est pas que ça. Si je ne veux pas la quitter, c'est bien parce que j'ai l'impression de ne jamais l'avoir vécue. Évidemment, puisque je faisais trente-trois kilos quand mes copines en pesaient quinze ! Même jouer à l'élastique, sauter à la corde, je ne l'ai pas fait... du moins pas aussi lestement que les autres. Alors je veux une bonne fois pour toutes vivre le physique de mon âge, et j'ai trente ans à rattraper. Enfin je croirai à Cendrillon. Parce que je sais que ça va vous paraître bizarre, mais enfant je n'ai jamais cru aux contes de fées ni au père Noël. Que voulez-vous, si tous ces miracles-là existaient, pourquoi moi je n'étais pas mince ?

Ah oui, torturée, la gamine. Torturée et en même temps je n'ai jamais voulu voir le monde avec des yeux de grande avant ce mois d'octobre, reconnaître ma boulimie, ma différence. Être différente, c'est la chose la plus difficile que j'aie eue à affronter dans ma vie, moi qui n'aspire qu'à une existence d'employée de bureau avec vacances à Palavas et train de banlieue pour s'échanger des recettes de lapin à la moutarde avec des camarades de travail. Eh bien il m'est arrivé tout le contraire, je suis devenue en deux ans emblématique d'une minorité qui pour la première fois devenait agissante à travers mes bouffonneries froufroutesques. J'ai été le porte-parole de femmes qui ne se reconnaissent en rien de ce qu'elles vivent. De femmes qui ont les mêmes problèmes que les miens, me l'avouent, et à qui je ne peux rien dire que « courage » parce que je n'ai pas de réponse à leur mal de vivre, n'en ayant déjà pas pour moi. Oh, bien sûr, j'ai parfois envie de les fuir : elles me ramènent à mon propre calvaire alors que toute seule, dans ma tête, j'ai cinq ans et aucun souci de grande. Pratique, la solution, non ?

Alors je vous laisse imaginer combien je suis fière de pénétrer dans le cabinet du Dr Gérard B. avec vingt-deux kilos de bouée en moins ! Il va être dithyrambique !

– Alors, mademoiselle Dubois [*il m'a toujours appelée mademoiselle et ça m'énerve au plus haut point, comme s'il ne pouvait pas me reconnaître de vie privée* !], comment ça va, ce dos ?

– Formidable, docteur. Vous savez, je suis au régime depuis deux mois et j'ai perdu plus de vingt kilos. C'est merveilleux, vous ne trouvez pas ?

– Avec qui êtes-vous au régime ?

– Un centre d'amincissement tout nouveau qui s'est ouvert sur les Champs-Élysées.

– On y fait quoi, dans ce centre ? C'est sérieux ? Parce que je vous préviens, vous avez besoin d'un sérieux suivi médical !

– C'est très sérieux. Il y a des nutritionnistes conseillères pour le plan alimentaire, un médecin, des kinés et des gens qui nous bandent trois fois par semaine dans une solution glacée au menthol.

– Si vous y croyez, c'est bien, continuez. Montrez-moi quand même votre plan alimentaire, comme vous dites...

Il n'y croit pas. Il n'a même pas vu que j'avais maigri. Et s'il l'a vu, il se dit que ça ne tiendra pas plus d'un mois ou deux.

Pourquoi ? Parce que j'ai finalement décidé de m'y mettre sans lui ? Est-il vexé, ou ne croit-il pas un instant à cette méthode ? Pense-t-il que ce sont des charlatans ? Ou que je suis ce régime juste à cause du contrat qui fait de moi leur ambassadrice ? Voilà, c'est ça : dans la tête du Dr B., je maigris pour l'argent, lequel me lie en exclusivité à ces Belges à qui je ne trouve que des qualités puisqu'ils m'aident à m'en sortir.

Pour moi, cependant, cette équipe du centre est plus importante que n'importe quelle personne avec qui j'ai pu faire de grandes choses. J'aurais tant voulu que le Dr B. le comprenne ! Au lieu de ça, scepticisme et froideur. Et s'il s'agissait une fois de plus d'une de ces astuces dont il use depuis dix ans pour me faire réagir ? Comment savoir, avec lui ?

En sortant de son cabinet, je suis extrêmement démoralisée, angoissée au point d'être incapable de reprendre comme ça mon bus direct pour l'Hôtel de Ville. Il faut que j'aille faire un tour par le Monoprix de la place Blanche. C'est le mieux fourni de tout Paris, parce que c'est là que les putes et les travelos de Pigalle viennent faire leurs emplettes.

Je fonce vers les rouges à lèvres. Le presque noir que je cherche depuis septembre et qui a fait vingt couvertures de *Elle* est forcément là.

Il y est. J'en étale un peu sur le dessus de ma main pour sentir son parfum et vérifier qu'il est assez couvrant. Tout baigne. En avant maintenant vers le linge de nuit, véritable découverte pour qui dort en tee-shirt depuis quinze ans.

Des chemises de nuit pleines de dentelle partout, en piqué de coton blanc. Des courtes, des longues, des qui s'ouvrent avec des lacets et de grands jabots. J'en prends une de chaque, soit quatre en tout. Je rêve déjà de les porter toutes ensemble, de les superposer. Comme Élisabeth d'Autriche. Sissi, quoi, et alors ? Je peux quand même être kitsch de temps en temps !

Je suis maintenant prête à reprendre le bus, à oublier le docteur et à fendre le mois de décembre comme une figure de proue de la diététique.

– III –

LE POIDS DE MA CONSCIENCE

Décembre

C'est officiel : le 8, la presse entière est conviée à un petit déjeuner au centre pour juger sur pièce de mon changement. Je me sens investie d'une mission : faire rentrer les grosses vaches comme moi dans le rang de l'équilibre et du bonheur. Je me promets d'être convaincante.

Ponctuelles et parfumées, voici qu'arrivent les principales rédactrices de mode de la place de Paris. Elles ne tardent pas à me dire que le changement se voit, mais sans plus insister.

Ce qu'elles cherchent à savoir n'a au début rien de très original : « Pourquoi vous être mise au régime ? », « Pourquoi avoir prôné pendant deux ans le bonheur absolu d'être grosse et changer soudainement d'avis ? », « Qu'est-ce qui vous a le plus motivée, au départ, pour ne pas craquer ? » Les questions fusent de partout, toujours identiques ; mes réponses également, alors le temps passe vite. Je me demande simplement comment elles peuvent s'enfiler autant de viennoiseries à 9 heures du matin et continuer de peser cinquante-deux kilos. Il paraît qu'il existe deux solutions : soit vous ne mangez plus rien de la journée, auquel cas ces calories matinales sont entièrement brûlées dans les vingt-quatre heures. Soit, pour les plus bêtes, elles se sont affamées deux jours avant pour montrer qu'elles, elles se gavent sans se soucier de leur ligne. Ce sont ces dernières qui feront les papiers les plus dubitatifs sur mon régime.

Bref, pour en revenir à la question qui a déterminé le commencement de mon régime, la réponse est simple : re-rentrer dans mon 501. Et qu'est-ce qu'un 501, me demanderez-vous, pour me pousser à pareille décision ?

C'est rien de bien sorcier. Juste une paire de jeans. Oui mais pas n'importe laquelle, la plus légendaire de la plus mythique marque : Levi's. Ces jeans sont vendus bruts beaucoup plus larges que votre taille réelle, à vous donc de les laver à la température idéale pour qu'ils rétrécissent et vous aillent comme une seconde peau. Ils ont aussi une braguette à boutons que l'on peut faire sauter à loisir, ça provoque toujours son petit coup de chaud dans le palpitant. Et il n'a pas que ça, mon 501, il fait aussi le plus beau cul du monde. Sa forme extrêmement étudiée permet à toutes les fesses, même les plus larges et plates comme les miennes, de devenir deux pommes appétissantes. Sa couture arrière entre un peu dans la raie médiane, c'est là que le port de la culotte brésilienne prend toute son importance. Un look de salope ? Non, bien au contraire, c'est d'une banale modernité. Mais tellement neuf pour moi !

À ma grande surprise, mon explication séduirait plutôt les camarades journalistes. On est enfin – elles et moi – en train de se retrouver dans la seule véritable arène féminine : les fringues. Soudain elles comprennent parfaitement pourquoi je ne cède pas devant tant de privations. Je veux porter les mêmes vêtements que les leurs. D'un seul coup nous formons une espèce de bouclier en marche contre la calorie tueuse de 501, et ça elles aiment le penser. Songer qu'elles ne sont pas seules au monde à crever de faim pour le jean à coutures intérieures rouges, quel réconfort ! Nous formons un cercle beaucoup plus intime et solidaire que je n'aurais jamais pu l'imaginer : celui des femmes.

Et si elles commençaient à me comprendre, à m'aimer ? M'aimer, c'est trop. Je ne vois pas pourquoi elles m'aimeraient. Je ne suis pas un cas plus important dans une journée de rédactrice que la nouvelle coupe de cheveux de Claire Chazal ou la bouche new look d'Emmanuelle Béart.

Mais bon, avoir la folle sensation de faire enfin partie de « celles qui se surveillent » me donne l'impression d'avoir terriblement grandi. Peu à peu, à mesure que se redessine ma véritable silhouette, j'ai l'impression à la fois d'entrer dans la peau d'une jeune femme de trente ans et d'accéder au monde des adultes : au nom de l'interdit social. Oui, je sais, ça paraît toujours un peu pompeux quand on dit les choses comme ça. Sauf que je ne vois pas comment vous expliquer autrement qu'en maigrissant je gagne mes galons de jeune femme parisienne, volontaire, dans le vent, qui tient le cap et sait où elle veut aller. La preuve, ça se voit physiquement. Il ne faut pas oublier en effet que dans le microcosme où j'évolue, tout est en premier et dernier ressort une question d'apparence physique. Et même si je me suis longtemps insurgée contre cette pseudo-éthique, elle n'est peut-être pas si vaine qu'il y paraît. Car comment voulez-vous faire passer aux femmes et aux hommes un quelconque message d'espoir – ou simplement de joie de vivre – si vous avez écrit en lettres de feu sur le front : « Faites comme je dis et pas comme je fais ? » Il arrive un moment où la différence entre ce que vous dites et ce que vous êtes physiquement est si importante qu'elle n'est plus gérable. Pour moi, ce fut le 1er octobre. Depuis, un peu chaotiquement, j'en conviens, j'ai tenté de dire que mon régime n'avait d'autre but que de mettre en adéquation moi avec Moi. Bref, je ne suis pas encore totalement recollée physiquement à l'idée que j'ai de moi, mais ça vient.

Vous allez me demander, je suppose, quelle idée j'ai de moi ? Eh bien elle n'est pas parfaitement définie ni coulée, si j'ose dire, dans un seul modèle. Mes rêves ont plusieurs traits vedettes, empruntés à des stars diverses.

Ce qui me plairait le plus au monde serait de devenir aussi longiligne que Jane Birkin dans *Je t'aime moi non plus*, une chose grande et maigre aux frontières floues de la féminité et de la masculinité, mais tout de même très petite gosse à consoler. Avoir le visage éternellement chiffonné d'Isabelle Adjani dont on se demande quand elle a arrêté de pleurer et quand elle va recommencer, la coupe de cheveux « anti-coupe-mais-la-plus-belle-du-monde » de Françoise Hardy, le sourire énigmatique, froid et somptueux de Catherine Deneuve, le glamour de Demy Moore, la robe baba cool et les Doc Marten's de Muriel dans *Muriel* (le film).

Une gageure, n'est-ce pas ? Une mission impossible. Oui, je sais. Mais pourquoi ne rêverais-je pas de tout ça, après tout ? Mon régime est si dur qu'il a besoin de fantasmes !

*

* *

J'occupe l'essentiel de mon mois de décembre à regarder *Interview* (la vraie, la seule, celle d'Andy Warhol) et à détailler les superpositions en mousseline des minirobes patineuses que portent les mannequins à toutes les pages. Quand aurai-je les bras assez minces pour me permettre le sans manches ? Jamais. Oui, c'est ça : jamais. Quand j'aurai fini de maigrir, dans un an, je serai si flasque que, allez savoir, je me trouverai peut-être encore plus moche que maintenant.

L'angoisse m'étreint au fur et à mesure que passe le dernier mois de l'année. J'ai encore beaucoup maigri, je remets très officiellement mon 501 avec ceinturon, mais c'est loin de suffire à mon bonheur. Quand je me déshabille en arrivant au centre, toutes les victoires remportées sur moi-même en me privant obstinément des falafels de la rue des Rosiers me semblent un vain combat.

Je tombe en ruine. J'en ai même parfois envie de pleurer. Dès que je suis en petite culotte, s'offre à moi un spectacle navrant de « flasquitude » et de vergetures que rien ne cache plus. Plutôt que de sombrer dans le cauchemar et de me relaisser aller aux vapeurs des nems, je me tâte, me touche et me palpe, et vous savez quoi : je sens mes os ! Parfaitement ! Nous sommes maintenant à la mi-décembre et je sens mes os pointer sous la chair encore épaisse, mais enfin tout de même !

Mieux que ça, on voit mes salières, vous savez les os qu'on a en dessous du cou, ceux sur lesquels reposent nos tee-shirts. Et en plus, le premier à le remarquer, c'est mon bonhomme ! La joie éclate entre nous, j'ai gagné un pari sur l'impossible, j'ai remporté un défi sur les lois de la gravitation : on voit mes salières. C'est bien plus essentiel que trois malheureuses vergetures au ventre dont personne, sauf mon homme et moi, ne peut avoir connaissance.

Si on voit mes salières pointer, c'est que je tiens le bon bout. Oui, mais ce que j'aimerais par-dessus tout, c'est que tout le monde les voie… Comment faire ?

Je retourne la question une paire de fois dans ma tête, toujours aussi alerte, elle, merci. Et je trouve assez facilement : porter quelque chose de suffisamment décolleté et moulant pour que ça saute aux yeux de tout le monde. La meilleure solution s'avère être celle du body décolleté bateau. Il en montre juste assez, sans plus, car j'ai encore bien trop de poitrine à mon goût ; en revanche il moule les épaules en les dégageant et se pose en souplesse sur les salières en les dessinant.

Je cours jusqu'à mon Mark's & Spencer de la rue de Rivoli et me précipite sur la taille 18 (le 48 français). Il y a des bodies de toutes les couleurs, des heureux et des moins heureux, des marine et mandarine, des bruns et des lie-de-vin. J'opte pour le marine, lui aussi du 48. J'entre parfaitement dedans, lui reproche cependant ce que je reproche à tous ces foutus bodies : d'être trop échancrés aux fesses. Mais qu'importe sous un jean. Je reviens vite avec mon trophée jusqu'à la maison. Et là je suis saisie. Saisie de paraître pour la première fois mince des épaules et des salières, voire du cou. Un moment, on était même allé jusqu'à penser que j'avais un goitre tant ce cou était gros, c'est vous dire… Et voilà que maintenant c'est mince, que j'ai de l'allure, que ma chaîne en or ne disparaît pas sous les plis de la peau. Génial. Malheureusement, la situation se dégrade assez vite quand on descend en dessous de ma poitrine. Un bourrelet. Avec le régime carcéral que je suis, il est impossible que ce soit de moi que vienne cette imperfection. Dans un fougueux élan, j'ai simplement dû trop serrer mon ceinturon. Je desserre d'un cran. Bof… Pas beaucoup mieux, et en plus ça me fait une taille en col de chemise.

Comment faire pour garder l'avantage du haut, montrer mon ossature et dissimuler ce qui ne saurait être vu ? Si j'opte pour le gilet de laine, aussi fin soit-il, il cachera purement et simplement toutes mes salières saillantes. Que faire, bon sang ? Il me faut choisir quelque chose de très léger qui ne gâche pas l'effet body, mais d'assez flou pour masquer mon « petit pneu »... Un gilet d'homme, comment n'y ai-je pas pensé plus tôt ?

Je vais vous dire un truc : 501, ceinturon, body « petit-petit » + gilet d'homme fermé en plein mois de décembre, le tout sans manteau, il faut vraiment avoir beaucoup d'indulgence à mon égard pour ne pas me trouver totalement grotesque. Eh bien très étrangement, tous mes proches (ceux qui m'aiment vraiment énorme) considèrent que j'ai une allure folle. Mes journées sont régulièrement ponctuées de : « Mais c'est formidable, et puis t'as vu comme ça se dégage là, ton cou et tout le reste du buste ? » Comment ça, si j'ai vu ? Ça m'a coûté assez cher !

Tout ça nous amène vaille que vaille, bandage après bandage, jusqu'à la semaine précédant Noël. Cette semaine-là, je peste contre l'humanité entière et particulièrement contre les chauffeurs de taxi. Il n'y en a pas assez pour une mégaville comme Paris, si bien qu'en période de rush aux Galeries Lafayette et autres grands magasins je peux toujours me transformer en stalagmite sur place, devant le centre, aucun ne s'arrête pour me prendre. Alors je commence à descendre les Champs-Élysées à pied. Dans le froid et la pluie aussi glaciale que pénétrante de la fin décembre, je titube, proche de la congélation, mes yeux pleurent, et je me demande si ce n'est pas le SAMU qui finira par me retrouver et me ramener chez moi.

Dans ces moments-là, des torrents de haine recommencent à me submerger. Qu'est-ce que ce centre qui prétend faire maigrir en jouant avec notre équilibre thermique ? Et si ce n'était rien d'autre qu'une bande de fous se livrant à des expériences macabres ? Et si derrière tout cela il y avait la traite des Blanches à Hambourg ?

Il faut que je m'affranchisse de cette horde de négriers. Un jour, je suis certaine qu'ils me causeront des ennuis ; et puis qu'y a-t-il à la fin dans cette solution, pour qu'une demi-heure après que Louise m'a enlevé les bandages je sois encore aussi transie de froid ? Et si j'en mourais, si c'était un poison violent ? Le temps d'arriver à la Concorde, au bord de l'hypothermie, j'ai déjoué à moi seule tous les pièges d'une entreprise machiavélique. Je vais d'ailleurs les avertir au plus vite, comme j'aurais dû le faire depuis longtemps.

Au moment où mes yeux tellement embués vont me trahir, je trouve enfin la bouche de métro. Je m'y engouffre, en prenant bien soin de me coller le plus possible aux autres passagers. Notez, à 18 heures et cinq jours avant la Noël, c'est pas ça qui manque, les passagers, mais tout de même ! J'essaie de leur voler la chaleur naturelle qui émane encore d'eux en échange de ma froideur camphrée. Je suis si proche de certains que je reconnais les marques de gomina et de laque, sans parler des dessous de bras négligés depuis la fin de l'été et des eaux de toilette que le stress des courses a fait tourner.

Mon Dieu, c'est fou ce que certaines personnes puent le cheveu moite et les aisselles ! C'est à vomir. Mais j'ai encore plus froid qu'envie de dégueuler, alors je continue de me coller à eux jusqu'à Hôtel de Ville, ma station.

Vite sous ma vieille couette, la télé à fond la caisse, histoire de combattre l'engourdissement dont je suis victime tous les jours en rentrant du centre. Mais rien à faire : je plonge en moins de temps qu'il n'en faut pour le dire.

Je me réveille au moment où mon bonhomme tourne sa clef dans la porte d'entrée. Le temps qu'il surgisse, je prends un air pénétré par les pignolades d'Antoine de Caunes. Je ne saurai jamais s'il a découvert ou non mon stratagème. Nous nous mettons à parler des fêtes de Noël après son apéro. Combien serons-nous exactement ? Pour combien de temps ? Quoi offrir à qui ? Qui faire dormir ici ? Grand classique familial de l'année. Noël, le jour où tous les frères et sœurs, les pères, les mères, les enfants et les autres s'aiment en chœur autour du petit Jésus. Mais surtout le jour des cadeaux qu'ils ont pris soin de vous demander plus ou moins élégamment six à huit mois auparavant. Sans parler du champagne, que je sers toujours à flots pour ses vertus euphorisantes...

Bon, enfin l'inventaire a beau se révéler douloureux de plusieurs points de vue, la chose la plus épineuse demeure le menu. Qu'allons-nous manger le soir et le lendemain midi, avec moi qui ne peux rien manger ?

Ce n'est pas gagné d'avance, tout ça. Nous oscillons, mon homme et moi, entre deux options : tout le monde aux crustacés et comme ça je mangerai comme les autres, ou mon assiette de fête restreinte au minimum et oie farcie avec son cortège de gâteries pour le reste de l'assemblée.

Vais-je pouvoir tenir ? Noël, je l'ai déjà dit, j'ai toujours détesté. Mais cette année, ça va être paroxystique. Parce que déjà toute la famille à gérer ça m'angoisse, et en plus je ne sais pas si je vais résister à la tentation de l'oie-farce.

Nous sommes à cinq jours de l'arrivée du petit Jésus pour la mille neuf cent quatre-vingt-quatorzième fois, et j'ai décidé que tout le monde dînerait de caviar, d'oie farcie, de foie gras frais, de bon fromage mont-d'or au vin blanc et de bûche au café le soir du réveillon. Je veux qu'il y ait profusion de tout. Il n'y a pas de raison pour que les miens manquent de quoi que ce soit, ni en alcool ni en bouffe. Noël c'est fait pour la régalade, finalement on fête une espèce de baptême perpétuel. Ça vous dirait de vous priver le jour d'un baptême ?

Moi non plus. Ça me dit d'autant moins de mettre les miens au régime que j'y suis : ce serait montrer trop d'aigreur. D'un autre côté, plus perfidement, je me demande si je ne les laisse pas volontairement dans leur ignorance de la diététique.

C'est que ça commence à devenir mon petit jardin secret, mes recettes basses calories et le plaisir de me voir changer avec les compliments qui accompagnent jour après jour ce stakhanovisme !

Alors, j'en viens à aimer l'idée que personne n'a le droit de partager ma joie. C'est la première fois que je mène seule et à bien un combat. Je gagne mes galons d'adulte, j'insiste : c'est-à-dire que je me construis telle que je l'ai toujours rêvé, loin de l'autorité maternelle.

Alors je vais les contenter en leur donnant ce à quoi ils rêvent, eux : une oie farcie. Pour moi, pendant ce temps-là, une douzaine d'huîtres au vinaigre et à l'échalote, suivies d'un blanc de poulet à peine rôti. Leur tête quand ils vont me voir réveillonner avec ce genre de menu pour mourant !

Une nouvelle question me taraude cependant : et s'ils se moquaient tellement de ce style de diète que je finisse par craquer, donc par me rallier à leur opinion ? « C'est pas une question de kilos, la vie, mais de talent ! Et puis fais attention : on t'a connue grosse, alors ne change pas trop parce que après les gens ne te suivront plus. »

Les scélérats, c'est qu'ils sont pervers !

Ou bien c'est moi qui deviens parano. « C'est ça, ma vieille branche, tu deviens dingue. Persuadée que tout le monde est une entrave à ta perte de poids, que tout le monde s'est ligué pour te faire manger », murmure ma petite voix.

Eh bien oui ! Ils ne veulent pas que je maigrisse ! Aussi bien les journalistes de la presse féminine que mes potes et ma famille. Ils aiment que mon image de grosse les conforte dans leur position : « Ne jamais devenir comme elle, affichons-la dans le bureau et regardons-la à chaque fringale. » Ou encore : « Elle est comme tout le monde dans la famille, dès qu'elle a un souci faut qu'elle mange. »

Et voilà de retour, dans la hotte du père Noël, mes vieilles névroses et vieux démons.

De nouveau j'en veux à l'humanité entière. Si je suis grosse c'est leur faute, aux autres, à tous les autres. Soit parce qu'ils ont toujours été contre moi et que je me suis construit ma propre tour d'ivoire pour qu'ils ne m'agressent plus, soit – pour ceux qui me sont le plus proches – parce qu'il faut bien le reconnaître : chez moi, on bouffe !

Beau mois de décembre, en vérité ! En pleine déprime à trois jours des fêtes. Heureusement, je me reprends à temps. Je suis engloutie par les multiples tâches auxquelles je dois faire face : mettre le couvert, les nappes, dresser les plans de table, finir de trouver un ou deux petits cadeaux surprises que je disposerai sous le sapin. Sans compter le ménage complet de la maison, la préparation des lits, et enfin les achats de bouffe.

Je vais commencer par le noyau central de la soirée et mon principal souci : l'oie farcie. Je cours jusqu'à la rue des Archives et explique mon drame existentiel à mon boucher. Il comprend très vite que je désirerais une oie du Gers pour dix personnes, ayant le bide farci à la farce fine. Il ne voit là aucun problème, me dit que je l'aurai demain dans la journée. Il me laissera de côté le foie pour que je le cuisine séparément et il me faudra faire cuire la bête entre trois et quatre heures à four intense.

Déjà excitée par mon achat, je demande si je ne peux pas la voir tout de suite, la bête en question, rapport à sa taille et à celle du four. Mais non, je ne peux pas. Une bête pareille il n'y en a pas en magasin, ça se commande. Déception. Enfin, j'attendrai. Le boucher me confie que ce sera une pure merveille et que je n'ai pas à m'inquiéter : elle sera prête demain à l'heure dite. Mais comme je reste sceptique quant à l'allure qu'elle pourra avoir, il me montre sa petite sœur, une toute pareille mais en moins gros, pour sept personnes. Je tâte sa chair, c'est doux-dur en même temps, sa couleur est jaunâtre, on la sent déjà grasse et fondante. Elle dégage une odeur à faire tomber, une odeur de graisse. De graisse !

Je quitte la boucherie à toute vitesse, de peur de me trouver mal, car l'envie grandit de me laisser aller pendant les fêtes. Et puis je me reprends aussitôt, me dégoûtant d'avoir ce genre de pensée. Je calcule de plus en plus mon régime en termes judéo-chrétiens, estimant désormais que l'excès d'alimentation n'est autre qu'un péché mortel.

Bref, je ne vais plus bien du tout. Les questions virevoltent dans ma tête comme jamais, l'idée de me gaver d'oie farcie ne me quitte plus. J'ai l'impression que la nature ayant horreur du vide, moi aussi, et que je me porterai sûrement cent fois mieux quand je serai pleine.

C'est ça, j'ai envie d'être pleine. Il y a si longtemps que ça ne m'est pas arrivé ! Et puis toutes les autres bonnes femmes, au centre, elles vont arrêter pendant quinze jours, alors je ne vois pas pourquoi moi je ne ferais pas une pause de quarante-huit heures. Cela ne me ferait pas retomber dans l'abus, ça me décontracterait. Parce que l'idée d'avoir tout le saint-frusquin familial à la maison pendant trois jours, ça m'angoisse, quand même. Et dans ces cas-là, je sais parfaitement qu'un petit boudin blanc me suffit pour repartir. Vous vous rendez compte ? Un petit boudin blanc, rien que ça… Ça va chercher dans les quatre cents calories. Pour aller bien après, je trouve que c'est donné !

Les derniers moments qui sépareront l'achat du champagne de l'arrivée de mes parents et de la famille au grand complet ne seront qu'une lutte acharnée entre moi et la petite voix qui me tente, me fout la paix, me retente, me laisse et me reprend comme un chat avec sa souris.

Mon salut viendra d'une réflexion de mon frère dès son arrivée. Elle me fera oublier jusqu'à l'odeur même de l'oie.

– Eh bien, ma poupée, une vraie taille de jeune fille que tu nous as attrapée là ! Ton mari peut commencer à se faire du souci… Hein, mon gars : attention, tu vas te la faire piquer !

Pour qui connaît l'esprit particulièrement corrosif de mon frangin, ce style de réflexion est aussi rare que flatteur. J'arbore donc non sans fierté un caleçon noir moulant, le genre qui laisse à peine la place pour respirer. Je vaque sans relâche entre le four, les assiettes à remplir et à changer, je vérifie le niveau des bouteilles de château-margaux et je laisse mes convives reprendre leur souffle entre le caviar et le foie gras.

Mon père, qui a toujours eu un sens suraigu de la rigueur, ne se livrera à aucun excès, je le sais. Je me suis donc judicieusement placée en face de lui afin de n'être jamais tentée de manger plus que lui, et surtout de pouvoir vérifier dans son œil vert pétrifiant que je ne commets aucune entorse à mon régime. Quel plaisir de voir son contentement devant tout ce que je déguste du bout des lèvres, à grand renfort d'explications sur ma nouvelle diététique ! Je séduis tout mon petit monde, qui m'approuve et m'encourage par des : « Formidable, faut que tu continues, qu'est-ce que ça se voit déjà, en trois mois à peine ! »

Tous s'extasient. Sauf ma mère, qui ne comprend pas comment je peux vivre maintenant que je ne mange plus. Où est mon plaisir si je me prive de tout ce qui me fait palpiter, le saucisson et les pâtes ?

Elle est sceptique, dubitative, me le fait remarquer. Et au contraire des autres, elle ne trouve pas que j'aie tant changé que ça.

Je ne cesse de penser qu'elle m'a voulue grosse, élevée pour le devenir, et que c'était sûrement la forme la plus inconsciente et perverse d'éviter de faire de moi une rivale. D'ailleurs elle m'appelle toujours « mon gros pâté », signifiant par là, je suppose, qu'elle m'adore laide.

Mais qu'est-ce qui me prend, qu'est-ce que ce tourbillon infernal qui m'envahit la tête ? Comment puis-je tirer des conclusions aussi terrifiantes au sujet de maman ? Est-ce le dégraissement de mon cerveau qui me fait voir clair, ou m'emporte-t-il vers la folie ?

Bon, Sonia, reprends ton souffle et pose-toi les bonnes questions : qui est ta mère et qu'a-t-elle vécu pour en être là aujourd'hui ?

A-t-elle sciemment ou inconsciemment voulu te modeler comme tu es ?

Force est de constater que oui. Elle m'a gavée comme une oie, méthodiquement, pour que jamais je ne connaisse les affres de la vie amoureuse. Comprenez : en ayant réussi l'exploit de me faire peser cent kilos ou presque à quinze ans, elle me mettait à l'abri de toute relation avec un garçon. Qui m'aurait regardée ? D'ailleurs, qui aurais-je eu l'idée d'aborder ?

Seulement voilà, elle n'était pas la seule autorité de la maison ; il y avait aussi mon père, qui ne comptait pas pour des prunes, et le jour de juin 1979 où il a su mon vrai poids, je peux vous dire que la visite chez l'endocrino, ma mère a bien dû s'y plier.

Battue en brèche les deux années suivantes, il lui restait tout de même les week-ends pour s'adonner à son délice favori. Je rentrais de pension le vendredi soir, et jusqu'au lundi matin c'était ripaille sur orgie.

Nous ne petit-déjeunions pas. Non : ça, c'est pour les péquenots. Nous, elle nous dressait une table digne des plus grands festins, avec porcelaine fine, argenterie et énormes bouquets de fleurs. Tout nous mettait en appétit. Alors nous pouvions commencer. « À vos marques, prêts, partez » : une vingtaine de croissants, petits pains au chocolat et tartes au sucre, les chocolatières étaient pleines et rondes elles aussi. Après cet amuse-gueule nous nous traînions vaguement jusqu'à la salle de bains, puis suivait le déjeuner entamé sur un consommé d'asperges… Et ainsi de suite jusqu'au lundi matin. Ce dont je me souviens le mieux, et qui me devenait de plus en plus insupportable, c'est le manque total d'intimité auquel je me trouvais soumise ; partout où j'étais elle entrait, quand je téléphonais à mes copines de classe comme lorsque je prenais mon bain. En ne me laissant aucun secret, elle m'empêchait d'exister. Résultat, je lui ai caché que j'avais un petit ami au lycée, que je me plaisais dans mon corps aminci. Et de ce jour-là je n'ai plus eu avec elle d'autres conversations que convenues et mondaines.

– Il fait beau aujourd'hui, on pourrait se promener le long du canal…

– Si tu veux, mais j'ai des devoirs à finir avant.

– Alors d'abord tes devoirs, c'est ça le plus important. Comme tu le sais, il n'y a que le travail qui paie dans la vie et soit la clef de l'indépendance. T'oublieras jamais ça, hein, aucun homme ne peut te remplir ton porte-monnaie à la fin du mois, il n'y a que toi qui peux t'en sortir toute seule. Surtout crois pas aux hommes pour t'aider, ni pour rien d'ailleurs…

Je lui coupais généralement la parole, en trouvant

n'importe quoi à raconter pour éviter à tout prix son couplet sur les « misères épouvantables que ton père me fait vivre et que tu ne dois jamais connaître ». J'étouffais, je n'en pouvais plus. Je n'avais pas seize ans que je servais de réceptacle familial à toutes leurs angoisses.

Je vais vous dire un truc : ils m'ont tellement usée avec leur vaudeville à trois sous que parfois je les ai haïs. Alors quitte à se sentir étouffer, autant serrer soi-même le nœud coulant. C'est comme ça que j'ai recommencé à bouffer au début de ma terminale.

Faut dire que mon père s'est mis à déconner avec sa poule à cette époque-là. Alors, pour colmater son légitime chagrin, ma mère nous faisait de plus en plus à manger. Elle me gavait tellement avec ses histoires dont je me foutais sincèrement – parce que au fond elles n'étaient pas les miennes – que j'engloutissais de plus en plus de nourriture, comme pour y puiser suffisamment d'énergie afin de l'écouter sans m'énerver, sans jamais lui dire que ça ne m'intéressait pas.

Puis un jour, à force, j'ai tant accumulé de sa paranoïa, de son dégoût des hommes et de l'amère déception qu'elle vivait avec mon père que je me suis mis en tête qu'elle avait forcément raison. Ce déclic s'est produit au moment où mon petit ami parisien m'a quittée pour une maigre. J'ai donc commencé avec ma mère un long pèlerinage vers toutes les pizzerias de la ville. Jusqu'à la rencontre avec mon bonhomme. Et là, elle a dû céder à la pression que nous avons exercée. Nous vivions « en ménage, parfaitement madame, et sans être mariés ».

– C'est normal, après tout : je vois pas pourquoi je m'étonne. Avec l'exemple que te donne ton père, comment pourrais-tu vivre autrement ? C'est une famille entière qu'il a ruinée, avec ses histoires de bois de lit !

– Mais ça n'a rien à voir, maman... Moi je vis avec quelqu'un parce qu'on s'aime, c'est tout !

– Imbécile que t'es ! Tu l'aimes ! Mais lui, avec sa grande camarade Véronique – tu sais, celle qui fait médecine –, tu parles qu'il se fout bien de toi. Tout ce qui l'intéresse, c'est la situation... Tu comprends, il va choisir une fille de son milieu, ça me paraît normal. Sans compter qu'il sort beaucoup trop avec sa bande de copains, des joyeux soiffards. Merci ! Rien de tel, après, pour avoir des enfants anormaux à cause de l'alcool. Et puis j'espère que tu as quand même remarqué que ce n'était pas un prix de beauté ? Tu n'arriverais pas à lui faire couper ses cheveux, au moins quelques centimètres ? Et quand va-t-il se décider à sortir de sa coquille, à s'exprimer un peu ? Je ne lui demande pas de me faire la conversation du matin au soir, mais deux trois petits mots gentils sur une journée... Après tout, je le nourris quand même tous les week-ends !

– Justement, à ce propos, il n'aime pas manger autant que nous, tu sais... Il n'a jamais eu l'habitude, chez lui. Et ça fait plusieurs fois qu'il se sent très mal en revenant à Lille, alors je sais pas, moi, on pourrait peut-être supprimer quelque chose...

– Supprimer quoi ? L'entrée ou le dessert, ton père refusera. Quant à la viande, laisse-moi rire, mais il mange à lui seul un demi-gigot pour six personnes !

– Tant pis, c'est pas grave, excuse-moi…

Et une fois de plus, parce que je ne voulais pas la guerre, j'ai refusé l'affrontement, baissé les armes et mangé jusqu'au lundi matin. Sous l'œil de plus en plus réprobateur de mon père, d'ailleurs de moins en moins présent.

À ce moment-là il me détestait, je le savais, mais que pouvais-je y faire ? Je n'étais pas assez forte pour me mettre ma mère à dos et lui dire sans concession que je me sentais plus proche de lui. Elle ne l'aurait pas supporté, elle aurait pris mon geste pour une trahison, et surtout je me serais quasiment posée en rivale. Alors entre elle et moi, le mimétisme n'a cessé de grandir. On aurait dit deux sœurs plutôt qu'une fille et sa mère. Plus je lui ressemblais, plus je rêvais de maigreur, plus elle m'enfonçait dans la tête que seules les putes voleuses de maris mettent des porte-jarretelles.

Ainsi s'en alla ma jeunesse, scrupuleusement bousillée…

Ma mère est-elle pour autant une grande perverse ? Certainement pas, mais une infinie névrosée, oui. Tout chez elle est blessure, et la surface cicatricielle s'étend de plus en plus avec le temps. Quiconque ne lui est pas semblable est un traître. En tête de liste vient mon père, puis tout de suite après, maintenant, c'est moi. Nous sommes des salauds parfaits, elle nous l'a dit, nous sommes prévenus. Oui, mais il lui reste son grand fi-fils, mon frangin unique, qui souvent a eu tout bon dans sa vie. Bien avant moi il a compris les moindres rouages des cerveaux pervertis du cercle familial, mais lui continue de peser cent cinquante-cinq kilos. Au moins un qui bouffe, ça fait plaisir à maman. Un mec normal, quoi, un homme, un vrai !

Oh non je ne la déteste pas, au contraire ! J'étouffe d'amour pour elle, et elle pour moi. Peut-être même trop. Je voudrais juste qu'elle arrête cette course effrénée à la perte de son identité dans le confit de canard !

Je ne veux plus la voir grosse, qui ne se prive jamais et qui s'assume. Je n'en peux plus de la voir engouffrer tout ce qu'elle enfourne à côté de moi sans pouvoir en faire autant !

Ah, ce repas de Noël… Heureusement le week-end est froid mais sec, donc nous pouvons sortir, marcher avec les enfants. Nous poussons une pointe jusqu'à Notre-Dame et tombons en plein milieu du chant des vêpres. Un émerveillement. Tant de pureté lave l'âme… Dans ces moments-là je sens ma mère très proche de moi. Elle me fait du bien. Elle m'a toujours aidée à comprendre la musique, la métaphysique, des tas de choses qui me seraient restées étrangères sans elle.

Alors pourquoi y a-t-il eu ce problème d'alimentation ? Je ne comprendrai jamais de quoi elle a essayé de me protéger. Peut-être des garçons, des hommes qui l'ont tant déçue. Peine perdue, parce que moi je les adore. Je ne maigris que pour eux, pour leur plaire, qu'ils me le disent et me draguent. Je n'aime et ne vis que pour eux. Étrange et décevant, pour ma *mater*... Souvent, quand elle me voit avec un bonhomme ou un autre, elle lance que je tiens de mon père, qui le tient lui-même de l'ensemble de sa famille.

– Vous êtes des gens très sensuels, me dit-elle, très « portés » sur la question ; pourtant ce n'est pas moi qui t'ai éduquée comme ça. Enfin, me diras-tu, c'est la plus naturelle des maladies...

Une « maladie » ? Pourquoi le fait de se sentir attirée par un mec serait-il une maladie ? Ce jugement me terrifie. M'aurait-elle inculqué sa peur, pour que je me sois caparaçonnée de bourrelets ?

*

* *

4 janvier 1995

Je repars à l'heure dite au centre, sur les Champs-Élysées, forte de n'avoir jamais dérogé au plan alimentaire. Moins trois kilos sept cents en à peine quinze jours, je force ma propre admiration, dites donc. Et celle de Louise avec ! Non, je vous jure, tout le monde en est baba. On vient me voir, on me demande comment j'ai fait pour ne pas craquer. Certaines clientes sont suspicieuses, s'inquiètent de savoir si je prends des médicaments. L'idée même qu'on ne me croie pas capable de soutenir l'effort me rend folle. Bien sûr que non, je ne prends rien ! On ne va tout de même pas me reprocher de maigrir trop vite, maintenant ! Ça c'est le comble. Je sors du centre frigorifiée mais gaie comme un pinson.

Le mois de janvier marque la grande étape du retour à la taille 44/46, c'est-à-dire au port indiscontinu du 501 et de l'attirail de culottes qui va avec. C'est pourquoi, au Prisu des Champs, je deviens aussi connue que Barabbas pendant la Passion : j'y fais une razzia hebdomadaire de nouvelles petites culottes Dim, toutes formes et couleurs confondues.

Quand je rentre à la maison, je me réchauffe, je dors toujours autant, après seulement je pars faire mes petites courses de bouffe pour mon amoureux et moi-même. D'une main l'entrecôte, de l'autre le fromage blanc maigre et les fruits rouges, voire le bouillon de poireau, la laitue, les tartines de pain complet, le cottage-cheese... Je me demande parfois comment ça se peut que je maigrisse avec la quantité que j'avale. Mais c'est ainsi, il paraît que ce n'est que de la quantité bénéfique, sans aucune graisse animale fraîche ou carbonisée à la poêle. Au contraire je donne à mon corps ce qu'il réclame depuis longtemps : de l'énergie, des vitamines, et c'est pour ça que plus je maigris mieux je me sens.

Je trouve la maison toujours aussi borgne. Il lui manque toujours la cheminée de mes rêves. N'ayant pas assez d'argent pour me l'offrir, je compense par l'achat de plantes en pot tels les chrysanthèmes et les rosiers rustiques. Ça sent bon, ça fait de la couleur, ça m'occupe. Parce que en ce mois de janvier, pourtant plutôt clément pour la saison, il faut tout de même que je trouve de quoi m'occuper pour ne pas avoir à penser que « je n'ai pas faim ». Alors je baguenaude. Pas trop chez les copines ; elles goûtent toutes, les maigres ! Non, plutôt du côté de mes repaires habituels : BHV, Marais et ses boutiques de tout et de rien. Et c'est ainsi qu'un nouveau vice me tombe dessus un après-midi à Monoprix : la moutarde.

C'est merveilleux, la moutarde. Ce condiment à base de sel, de vinaigre, d'eau et autres bricoles permises par le plan alimentaire va révolutionner ma vie. Enfin tout ce que je vais absorber aura du goût. Des poireaux à l'eau, oui, mais avec de la moutarde à l'estragon : c'est grand !

Cette folie me prend comme une véritable rage ; j'achète des moutardes de toutes les sortes, même à la menthe (dommage !), et je m'en gave. Au début ça a vraiment le goût du péché, je me cache (comme avant, avec les tartines) pour en avaler des pots entiers dans la cuisine. Je les goûte toutes, allant jusqu'à faire de savants mélanges : un doigt de moutarde à l'estragon contre un de celle à la provençale... Le pied. J'avoue que la moutarde Maille à la provençale est un paradis : comme si vous avaliez des tonnes de salade niçoise et de ratatouille, mais juste dans une petite cuiller. D'autant que sur la balance tout va bien, aucune reprise de poids n'est constatée. Le pied, vous dis-je ! Alors j'augmente sérieusement les doses de moutarde : il y en a maintenant en permanence dans mon assiette, quoi que je mange. Jusque avec le fromage blanc. Subitement, ma vie a repris du goût.

Vous allez me prendre pour une dingo, avec ma moutarde ersatz de goût, mais ce n'est rien du tout à côté d'autres cas bien plus désespérés. Ainsi, pour celles qui sont à la recherche de l'odeur pendant un régime, c'est pire que la quête du Graal. J'ai l'exemple d'une copine. Le jour où elle m'invite, j'apprends qu'elle s'est privée de tout pendant deux mois histoire d'aller à Palavas en bikini. Et pourtant, de sa cuisine s'échappent des relents qui me font frémir les naseaux...

– Eh ben dis donc, ma chérie, je ne sais pas ce que tu nous mijotes là, mais ça sent drôlement bon en tout cas. C'est même très provençal, comme parfum, non ?

– Écoute, Sonia, j'ai eu une idée extra. Tu sais que je fais un petit régime fibres pour un mois encore, juste avant les vacances. Parce que t'aurais vu le bide que je me trimbalais, cet hiver ! Bon, d'accord, j'avais un tantinet forcé sur le bordeaux, et l'alcool ça pardonne pas. Alors là je me suis racheté une conduite, je me coupe des légumes de toutes sortes en lamelles, dans le sens de la longueur pour que ça dégage plus d'odeur, je mets le tout à bouillir une heure, et toutes les dix minutes je couvre l'eau d'une couche d'herbes, pour qu'elle pénètre bien les légumes. Tu ne peux pas savoir : avec la coriandre, le thym et le persil, t'as l'impression de manger un marengo. Attends, je vais te faire goûter...

Bizarre, je trouve tout de même l'odeur en question très envahissante. Peut-être que tout simplement j'en ai tellement perdu l'habitude qu'un rien me semble déjà enivrant ?

– Voilà, c'est fait, reprend ma copine, nous allons pouvoir passer à table.

Aussitôt la première demi-carotte posée sur mes papilles, mon étonnement se mue en horreur. C'est immangeable, son espèce de gloubiboulga[1] ! Proprement infect ! Toutes ces herbes en quantité astronomique, et qui ont bouilli une heure ensemble, c'est simple : on dirait de l'éther à l'état pur. Mais comment peut-elle avaler un tel cauchemar ? Sans compter les brûlures d'estomac qui s'ensuivent.

Comment le lui dire ?

Je n'ai même pas le temps de réfléchir à un stratagème que je la vois devenir écarlate, le front ruisselant.

– Qu'est-ce qui se passe, qu'est-ce que t'as, ma poule ? m'inquiété-je.

– C'est affreux ! J'en ai trop mis, de toutes mes épices, c'est dégueulasse ! Mange pas ça, on va prendre feu ! Et moi, en plus, j'ai croqué direct dans la moitié de piment que j'avais coupée !

L'enfoirée… en plus, son embuscade était truffée de piments. On jette tout dans les toilettes, on tire la chasse et on se prépare trois mille litres de thé pour calmer nos estomacs souffreteux.

Autre exemple que me rapportait récemment une amie très mince et dynamique, mais autrefois tombée

1. Nourriture de Casimir dans *L'Île aux enfants.*

sur un amant peu scrupuleux qui exigeait d'elle la plus extrême maigreur, rien de moins. Qu'a-t-elle fait pour y parvenir ? Des mois durant elle a avalé de la Tamarine. Un laxatif prodigieusement puissant qui lui a permis de perdre jusqu'à vingt kilos, en plus de son intestin. Sympa, l'idée macho, non ?

Bon, deux exemples ça va, et tout ça n'est qu'anecdotique. En revanche, je voudrais alerter les jeunes mères de famille sur un cas un peu plus douloureux : la prise régulière d'un verre de vinaigre par des jeunes filles de treize à dix-huit ans. Allez savoir pourquoi, une vieille croyance populaire leur fait croire que l'absorption de ce breuvage les fera maigrir !

Finalement, avec ma moutarde, plus raisonnable que moi tu meurs !

Les quinze premiers jours de janvier passent dans cette espèce d'euphorie gastronomique. Mais un soir, en revenant du centre, je me sens mal tout à coup. Bien sûr j'ai froid comme de coutume, mais en plus je suis tordue de maux d'estomac persistants. En toute logique je pense que ça va passer avec la première nourriture, et sans attendre je décide de me préparer mon petit en-cas de 17 heures, aujourd'hui du fromage blanc maigre. Ça tombe bien : je vais justement pouvoir l'agrémenter d'une bonne cuiller de moutarde à la provençale. J'en viens presque à penser que ça devient trop facile, ce régime, la moutarde éliminant toute sensation de privation.

Je ne vais pas avoir longtemps le loisir de m'attarder là-dessus : aussitôt avalé mon bol de fromage blanc, de violentes brûlures d'estomac me plaquent au sol.

Mais qu'est-ce que j'ai, bon sang ?

Ça y est, j'y suis. Ils m'ont tellement bandée, au centre, que je ne peux plus supporter leur traitement. Ça devait arriver, c'est beaucoup trop riche en camphre et en menthol, leur affaire, depuis le temps que je vous le dis !

J'arrive avec peine à me relever du carrelage de ma cuisine quand un horrible goût de sang fade m'envahit la bouche… J'ai peur !

Je me traîne jusqu'à ma banquette favorite et m'y étale comme un poisson mort, le ventre boursouflé par la douleur. Et j'attends. Je pense que de toute façon ou je vais mourir, ou je vais m'endormir. Enfin n'importe quoi pourvu que je n'aie plus mal.

Du flan. Rien. Bien que parfaitement consciente, j'ai dû laisser passer les Guignols sans même m'en apercevoir. Enfin se fait entendre un bruit rassurant, celui de mon bonhomme faisant jouer sa clef dans la serrure. Tant pis, je ne me lève pas pour l'accueillir. De toute façon j'en serais totalement incapable. Il entre et me voit. Un instant pétrifié, il se précipite ensuite vers moi en me demandant ce qui m'arrive. Je parviens juste à éructer que j'ai mal.

Il se penche, constate que mon haleine est chargée par différentes choses, mais surtout très acide. Après un court moment de réflexion, il me demande ce que j'ai fait et mangé l'après-midi même.

Je lui décris tout par le menu. Les bandages incessants, le froid, les blocages de la digestion qu'ils entraînent. Et puis bien entendu je lui dis – bêtement – que j'ai pris mon bol de fromage blanc accompagné de moutarde.

Grand silence de mon homme, qui reste bouche bée à côté de moi. Puis il se ressaisit très vite et file jusqu'à la cuisine. Le pot de moutarde gît dans l'évier, grand ouvert et presque entièrement vide. Un immense pot familial que j'avais acheté quatre jours auparavant...

Il revient à côté de moi, brandissant le pot.

– Qu'est-ce que c'est que cette histoire ? C'est toi qui as bouffé complètement ce pot de moutarde ? Mais tu viens à peine de l'acheter, tu es complètement folle ! Tu sais ce que tu as ? Tu t'es perforé l'estomac, espèce d'imbécile ! Mais tu es devenue dingue, ou quoi ? Pourquoi as-tu fait un truc pareil ? Tu veux crever d'un ulcère ? Mais c'est pas vrai ! On t'a dit de maigrir, pas de te soumettre à la torture ! Mais dis-moi pourquoi tu fais des trucs comme ça sans me le dire, en cachette ?

– Arrête, s'il te plaît. J'ai trop mal. Écoute, rapproche-toi parce que je n'ai pas beaucoup de forces. J'ai voulu que ce que j'avale soit un peu meilleur. Comme rien n'a de goût depuis le mois d'octobre, quand j'ai vu de la moutarde l'autre jour à Monoprix, je me suis dit que c'était ce produit et rien d'autre qui allait redonner de la saveur à ce que je mange. Alors tu me connais : je n'ai pas pu réfréner ma pulsion, j'en ai acheté dix pots différents. D'abord je les ai goûtés les uns et les autres, puis j'ai plongé mon doigt entièrement dans les pots, et j'ai fini par boire la moutarde à même le pot. Pour me remplir de n'importe quoi, mais qui ait du goût…

J'éclate en sanglots. Je sais que je suis foutue, je viens de replonger dans la boulimie. Et la grave ! Celle qu'on cache, qui est irrépressible et qui finit en tragédie. On se rend malade. On a tout l'intérieur détruit, à commencer par la tête, et puis après ça descend : on se fout en l'air l'estomac et l'intestin à force d'ingurgiter des trucs très gras, très acides-amers, très sucrés. Moi, cette fois-ci, et surtout pour que ça ne se voie pas, ne se sache pas, j'ai ingurgité de l'acide. Ni vu ni connu. Sauf aujourd'hui, bien sûr.

Je suis au bord d'un nouveau gouffre qui m'angoisse encore plus que tous les précédents, parce que maintenant je sais que je peux me remplir de choses que personne ne voit et qui me comblent. L'enfer.

– Comment je vais te trouver du Maalox à l'heure qu'il est, et en plus un vendredi soir ?

– Va voir chez M. Bernard, à la pharmacie de la rue Vieille-du-Temple… Il me connaît très bien : si c'est fermé, sonne, il t'en donnera.

On dirait un mari de grande droguée qui part en catastrophe chercher un médicament palliatif à Pigalle pour sa femme en manque. J'ai honte, honte de moi. D'avoir mangé n'importe quoi, sans pouvoir m'en empêcher, et de m'être une fois de plus rendue malade. Je pleure sans m'arrêter. J'ai l'impression d'avoir de nouveau tout perdu : fierté, féminité. Et je me dis qu'après tout je ne suis qu'une grande malade. Irrémédiablement.

Mais surtout, j'attends mon Maalox.

Mon homme revient au bout de dix minutes avec les pastilles blanchâtres, épaisses et crayeuses. J'en croque deux simultanément et me sens tout de suite mieux. Dès que j'ai recouvré mes esprits, j'explique à mon mari pourquoi j'ai agi de la sorte. Il comprend très vite que j'éprouve le besoin d'avaler des choses qui ont du goût. Que cela n'a rien d'anormal pour quelqu'un qui a toujours aimé la bonne chère. Il me propose d'ailleurs de continuer à manger goûtu, mais raisonnablement. Exemple un poisson poché à l'oseille, des carottes en rondelles cuites à l'eau mais avec un bouillon cube, un poulet grillé mais avec le ventre bourré d'herbes...

– Ça vaudra mieux que de t'infliger un pareil calvaire ! Fromage blanc tous les jours, invariablement, tu vas craquer et c'est normal. Non, ce n'est pas comme ça qu'il faut que tu t'y prennes sur le long terme. Il faut varier dans les plats maigres. Choisir tout ce que tu as le droit de prendre et l'accommoder le plus possible avec des herbes sans te faire claquer le bide avec des épices ou de la moutarde !

Pourquoi a-t-il encore une fois tout compris ? Car il a tout bon du premier coup, me déculpabilisant tout en me redonnant la force de continuer, et raisonnablement en plus.

Dans un geste cathartique je jette tous les fonds de pots de moutarde qui hantaient encore les planches de mes étagères. Me voilà mentalement débarrassée, car je ne pense jamais à une nourriture que je n'ai pas sous les yeux. Comme quoi, au fond de chaque boulimique sommeille un grand sage.

Le week-end se passe très bien. Mon homme me mitonne alternativement un thon grillé au gros sel, un poulet farci à l'estragon et tutti quanti... Le tout avec moult bouteilles de Contrex à portée de main. Pourtant je me méfie. Et si tout ce qu'il me donne était trop gras et que je reprenais du poids ?

Du coup, j'attends le pesage du lundi avec une véritable impatience. Même s'il a neigé et que je vais mourir de froid dans mes bandages rien qu'à regarder par la fenêtre du centre, il faut que je sache où j'en suis. Absolument.

Le lundi arrive après un week-end qui m'a semblé durer une éternité. Nous sommes allés pas moins de quatre fois au cinéma. J'ai vu deux films qui me marqueront pour la suite de mon existence « au régime », *Muriel* et *Quatre mariages et un enterrement. Muriel,* d'abord : je n'ai plus envie d'aller voir ma vie au cinéma sans que ce soit moi qui la joue. En plus c'est très frustrant. Quant à *Quatre mariages et un enterrement,* vous comprendrez bien qu'il s'agit de la démarche inverse de celle de *Muriel,* et je n'ai qu'une envie : remplacer cette Américaine auprès de Hugh Grant.

À 10 heures à peine, me voilà au centre. Clic-clac mes vêtements en tas sur mon transat et l'envie incompressible de me peser le plus vite possible. Ça y est, je suis sur la balance…

Rien. Il ne se passe rien. C'est la première fois. Je n'ai pas grossi, mais pas maigri non plus. Ce n'est ni encourageant ni désespérant. Il ne se passe tout simplement rien. Je trouve cela affreux. La balance, elle aussi, me lâche au moment où j'ai le plus besoin d'elle.

– Que faire ? demandé-je à Louise.

– Rien de spécial, tout va bien. On ne peut même pas parler de palier, car c'est la première fois que vous ne perdez pas sur trois jours. Simplement, n'avez-vous rien ajouté de compromettant à vos menus sans vous en apercevoir, style oméga trois ou graisse de ce type ?

– Des oméga trois, Louise ? Qu'est-ce que c'est, les oméga trois, s'il vous plaît ?

– Rien de grave, bien au contraire. Ce sont les graisses que l'on trouve dans tous les poissons, et elles sont les seules, selon une récente recherche, à être parfaitement assimilées par l'organisme et le foie, donc particulièrement recommandées pour la santé. Parce que vous savez, Sonia, vous avez tout de même besoin d'un peu de gras pour votre peau, vos ongles et vos cheveux, ainsi que pour le transit. En revanche il ne faut pas en abuser non plus, parce que ça reste quand même du gras et que ça finit aussi par faire regrossir. Donc un peu de thon ou de saumon une fois par semaine, pas plus.

Je l'adore quand elle m'explique qu'il y a le bon gras et le mauvais, mais que le gras reste le gras et que

« point trop n'en faut non plus » sinon ça remet en route la machine à stocker la cellulite sur les fesses et sur le bide. Allez comprendre. La leçon que je tire de l'affaire, c'est que je viens d'être bien sonnée par ma découverte moutarde, que les plats de mon jules ont compromis une semaine d'amaigrissement, et que tout compte fait le mois de janvier ne me voit pas terriblement décoller jusqu'à présent. Très minée, je reprends le métro, gelée comme toujours.

Mon répondeur indique trois messages en attente. Trois messages un lundi matin de janvier pour quelqu'un qui n'a pas franchement d'actualité, ça mérite de se laisser écouter...

– Bonjour Sonia, ici Jean-Luc de l'équipe de Patrick Sébastien, de *Super-Nana* très exactement. Voilà : avec Patrick et l'équipe, nous avons beaucoup pensé à vous et nous aimerions vous avoir pour la prochaine émission. Si vous le souhaitez, vous pouvez me rappeler pour que, ensemble, nous mettions au point les épreuves de votre passage.

Je ne prends même pas le temps d'écouter les deux autres messages, je rappelle immédiatement. Et tombe sur un charmant monsieur à l'accent du Midi qui m'explique exactement en quoi consiste l'émission. Faire deux épreuves, une en plateau, une en extérieur, qui seront diffusées durant le show de Patrick, entrecoupées de mon interview menée tambour battant par l'une de mes idoles : Laurent Baffie.

Alors là ils vont voir ce qu'ils vont voir : un nouveau cru inédit de Sonia Dubois. Pas d'arrivée surexcitée sur le plateau, pas de maquillage dément, pas de hurlement hystérique, pas de déguisement, bref ni tambour ni trompette pour une Dubois beaucoup plus naturelle et vraie. Je veux qu'ils comprennent tous que ma véritable nature n'est pas de porter un gros nez rouge et de faire de la surenchère perpétuelle au grotesque.

Car, jusqu'ici, c'est la seule fonction que l'on m'ait jamais laissée assumer : une grosse est là pour faire rire, pour rassurer tout le monde. Je n'avais rien d'anguleux, aussi étais-je l'alliée des femmes rondes et la copine des gamins. Mais moi, là-dedans, où en étais-je ? Tout le monde s'en foutait pourvu que l'habit fût de plus en plus délirant. Or vous ne l'ignorez plus, je n'allais pas bien, enfin pas toujours. Il m'arrivait même de penser obèse. Je me disais : « Ma petite vieille, non seulement tu es là parce que t'es replète, ce qui tient déjà un peu de l'animal de cirque, mais ça ne leur suffit pas, à tes employeurs, il faut que tu en fasses le double des autres pour leur prouver que tu en vaux bien une de cinquante-trois kilos. » Le gros, pour séduire, se doit de s'imposer deux fois plus et deux fois mieux que les autres. C'est fou, non ?

Douce revanche, on m'applaudissait deux fois plus. Faut bien se consoler avec ce qu'on a. Mais quelle énergie j'ai dépensée à faire le pitre aux quatre coins du studio pour qu'on se dise « quelle déconneuse celle-là » plutôt que « elle est quand même grosse, cette journaliste » !

À ce propos, si vous êtes grosse et journaliste télé, un bon conseil : continuez à déconner un peu, sinon ça fait vraiment mémère qui s'encanaille. Genre mettez quand même un tee-shirt rose bonbon !

Voici donc mon baptême du feu en tant que nana comme les autres. J'ai raccroché sans avoir repris mon souffle et sans trop y croire. Je vais passer sur TF1 à 20 h 30 dans un mois. C'est génial. Je suis certaine que c'est le Bon Dieu qui m'envoie une récompense pour bonne perte de poids.

Maintenant il va falloir que je choisisse les épreuves que je préfère dans le listing que Jean-Luc m'a donné. Parmi les deux que je veux absolument tenter, il y a le mime. D'abord parce que je suis de la dernière génération pour laquelle Marcel Marceau incarne encore la star des mimes blancs. Marceau ! Celui dont on dit qu'avec le commandant Cousteau il est le Français le plus connu dans le monde. Un immense et indémodable artiste, au croisement de la tragédie et de la danse.

Épreuve mime, donc : une gageure d'autant plus forte pour moi que je suis latine et ne fais que parler. Marceau, lui, a fait passer cinquante ans d'émotions sans jamais dire un mot.

Et sans le savoir, il va me donner la force de continuer vers la perte de mon trente et unième kilo.

Quant à l'autre épreuve, complètement sportive, elle m'ennuie davantage. J'ai envie d'extrême. De montrer que je peux enfin tout faire grâce à mon nouveau corps. Mais choisir entre l'engin volant ultra-léger et le karting me laisse plus froide que l'apprentissage du mime.

Je rappelle tout de même chez Sébastien dans l'heure pour donner à Jean-Luc mon choix final : mime, bien entendu, et karting pour la performance physique pure.

– Très bien, Sonia, c'est un choix formidable. Alors en ce qui concerne le mime, le Centre Marcel-Marceau va vous appeler pour que vous conveniez d'un rendez-vous afin de répéter au moins quinze jours avant l'enregistrement.

Je re-raccroche.

Je plane totalement, comme sur un nuage de petit rat de l'Opéra. Je me vois déjà en train de répéter des heures durant à la barre, Repetto aux pieds et toute de noir vêtue, pour posséder mon art comme personne.

À cet instant précis ma petite voix me crie à l'oreille une phrase qui ne me quittera plus de longtemps : « À compter d'aujourd'hui tout ce que tu feras tendra à la perfection. Jamais plus d'"à peu près", rien que des choses parfaitement réalisées. Tu dois devenir enfin la reine du bal, la première de la classe que tu as toujours voulu être sans jamais assez t'appliquer. »

La phrase revient, incessante : « Tu dois être parfaite, être la première et la meilleure pour toujours. »

Lorsque le téléphone sonne pour m'annoncer quand je vais pouvoir commencer à répéter, je suis déjà prête. Prête à partir tout de suite.

– Bonjour, je suis Yves, l'assistant de M. Marcel Marceau ; l'équipe de *Super-Nana* vient de me contacter, il paraît que vous souhaitez présenter un petit numéro de mime dans votre émission. Je vous préviens, j'ai peu de temps à vous accorder et c'est une discipline très difficile.

L'entretien ne commence pas sous les meilleurs auspices, mais comme j'ai décidé que je serais la plus brillante des super-nanas jamais vues depuis le début de cette émission, je ne moufte pas. Je vais le laisser me donner ses dates et de toute façon me calquerai dessus. Seulement il m'apprend qu'il n'a ni le temps de me rencontrer ni celui de commencer l'entraînement avant la semaine prochaine, mercredi 15 heures précises devant le Centre de formation Marcel-Marceau, derrière la rue Saint-Martin...

Inutile de dire qu'en la circonstance je vais être de plus en plus draconienne avec mon régime, m'interdisant tout ou presque qui ne soit pas de la laitue ou du fromage blanc maigre. Je prépare avec délicatesse mes « affaires de mime ». Un caleçon noir trompette, son tee-shirt assorti et mes petites chaussures de *modern dance,* le tout Repetto. Me voilà fin prête.

Le mercredi tant attendu arrive enfin. Je suis allée aux bandages à froid tous les jours pendant huit jours. Bientôt je pourrai annoncer officiellement que j'ai perdu trente-trois kilos. Mais en attendant je vais faire la connaissance d'Yves. Je lui ai dit qu'il me reconnaîtrait, que je porte toujours un duffle-coat marine, un jean et de grosses chaussures de bûcheron marron clair. Je suis pile poil à l'heure devant l'entrée. Je regarde à droite et à gauche : personne. J'en profite pour m'assurer que j'ai bien toutes mes affaires de mime, puis je prends mon mal en patience. Soudain, j'aperçois une espèce de tête enfantine qui n'aurait rien à envier à celle de Calimero. C'est Yves. Je me présente, lui aussi. Brièvement. L'homme est petit, mince, remarquablement proportionné, avec un accent du Sud très prononcé, sans avoir pour autant la gouaille du Midi. Il m'invite à monter les quatre étages qui nous séparent de la classe de répétition avec une amabilité retenue.

Là, il m'avoue ne pas me connaître du tout. Faire le tour du monde avec le maître Marcel Marceau à longueur d'année, et ignorer ce qu'ont pu être *Frou-Frou* et plus encore *De quoi j'ai l'air* ! Bon, c'est comme ça, mon ego en prend un petit coup. Oh, pas pour ce que vous croyez, mais parce que je me dis que s'il ne m'a jamais vue auparavant il ne sait pas que j'ai perdu trente kilos, et donc je lui apparais comme une encore grosse fi-fille qui va avoir bien du mal à se déplacer.

Nous commençons par le b-a ba : faire semblant de sortir d'une cage, en tirant sur des barreaux imaginaires, au prix d'un effort surhumain.

Je le regarde mimer trois fois de suite le mouvement, tout en me l'expliquant avec beaucoup de pédagogie, et la quatrième fois je m'y mets avec lui. Je sens que sa première impression disparaît très vite au profit de la seconde, qui ne le quittera plus : « Elle se débrouille pas si mal, la grosse ; c'est marrant, elle est souple… » L'exercice effectué six fois de suite doit lui sembler concluant pour aujourd'hui. Il m'en propose donc un autre, sans rien me dire sur la façon dont j'ai effectué le premier, pour le moment du moins.

Le deuxième exercice est connu de la Terre entière et même de sa banlieue : c'est le pas dit *moonwalk*, ou encore « à la Michael Jackson » que Marcel Marceau en personne a appris à notre jeune et talentueux chanteur bien connu des teen-agers. L'astuce consiste à ne jamais quitter le sol avec les deux pieds en même temps, de sorte qu'on donne l'impression d'évoluer sur un tapis roulant.

Pareil que précédemment, après qu'Yves m'a expliqué quatre ou cinq fois la manip' je me lance à ses côtés. Faut être honnête, j'aime mieux la libération de la cage que ce truc de rock-star, mais je m'en sors.

– Terminé pour aujourd'hui. C'est déjà pas mal du tout, vous savez…

Oui, je sais, merci. Je sais qu'à partir d'aujourd'hui tout ce que je fais se devra d'être parfait, c'est ma petite voix qui me l'impose, et j'obéis.

– Bon, il faudra trouver une musique que vous aimez pour répéter la prochaine fois. C'est plus agréable, et surtout ça nous permettra de caler les mouvements et de commencer à travailler une vraie chorégraphie.

– Justement, en répétant, je pensais que Michael Nyman était parfait pour ce genre d'ambiance. C'est à la fois lancinant, presque angoissant et très pur en même temps. Mais peut-être est-ce que je me trompe ?

– Pas du tout ! C'est carrément bien, Nyman, moi je n'écoute que lui depuis un moment, j'ai tous ses compacts, et je ne travaille pratiquement qu'avec lui. Ça alors, c'est rare, les gens qui le connaissent. Vous avez lequel, de lui ? Je peux peut-être vous aider à choisir un titre ?

– Non, je vais faire une cassette avec mon morceau préféré, l'ancien générique de *La Grande Famille* de Canal Plus.

J'oublie que la télé, à moi ça dit tout, à lui rien. Pourtant je le sens touché quelque part, je ne sais pas si c'est mon choix de Nyman ou autre chose, en tout cas il a radicalement changé en trois quarts d'heure.

– Dites, vous n'avez vraiment jamais fait de mime ? Je vous dis ça parce que vous avez pigé tout de suite et que c'est loin d'être évident, au début surtout. C'est drôlement bien, pour une première fois...

– Non, jamais fait de mime mais quinze ans de danse classique, dans un cours très sévère en province où j'ai appris beaucoup de ce que je sais encore faire aujourd'hui.

– Quinze ans de danse ?

Il faut que je lui coupe le sifflet tout de suite avant qu'il me demande si j'étais déjà aussi forte quand je dansais enfant et adolescente.

– Je vous rassure, j'étais beaucoup plus jeune, plus mince aussi. Enfin tout mieux, quoi ! [*Il n'a pas besoin de savoir que je pesais quand même un bon poids...*]

– Ah bon ? Vous avez beaucoup grossi, alors...

Il dit ça sans timidité ni pudeur spéciale, mais sans

aucune agressivité non plus. Il met les choses très à plat, comme tous ceux dont le corps est l'instrument de travail qui ne doit pas faillir.

– C'est-à-dire que, oui, enfin... J'avais beaucoup grossi et là je viens de perdre trente kilos, même un peu plus. Vous voyez, l'été dernier je pesais cent trente kilos, j'étais devenue réellement obèse, alors il était temps que je me ressaisisse. Mais, bon, ça y est. Je suis franchement très contente que vous me disiez que je m'en sors parce que j'avais un trac fou en arrivant, en plus j'admire tellement M. Marceau...

– Vous avez perdu trente kilos ? C'est fou ! Mais comment ?

– Avec un régime d'enfer.

– C'est extraordinaire. Vous savez, vous me faites penser à une autre dame très forte elle aussi, mais avec un beau visage, Anne Za... Za je ne sais plus trop comment. Elle fait également beaucoup d'exercice comme la danse et le judo. N'empêche, moi je trouve que vous êtes toutes formidables, parce que ça ne doit pas être facile tous les jours...

Je lui fais penser à Anne Z. : la prêtresse du gras, du bourrelet et de l'obésité. Le salaud ! Être comparée à une femme qui a vingt ans de plus que vous et pèse le double de votre poids, alors que vous souffrez mille morts en privations de tous ordres pour essayer de ressembler à quelque chose d'humain... Non, je vous assure, y a des jours c'est trop.

Je préfère partir en ne gardant, comme toujours, que le meilleur du moment passé. J'ai été bonne, il aime la musique que j'ai choisie, et surtout je me sens formidablement bien dans ma peau d'avoir fait de l'exercice. Tellement bien que je retraverse le Sentier et le Marais à pied jusqu'à la maison, où je me mets aussitôt en quête du disque de Nyman pour répéter comme une petite folle jusqu'à 19 heures.

Je m'écroule quand mon homme arrive. Il est content comme il ne l'a pas été depuis longtemps, content de me voir heureuse, travaillant à ma passion : la télé (mais version music-hall) avec strass, paillettes, beaucoup-de-sueur-derrière-mais-tellement-jolie-au-résultat.

Je lui raconte comment s'est passé mon après-midi dans cette salle peinte au Ripolin bordeaux où j'ai sué sang et eau pour être parfaite. Il est médusé, mon bonhomme : sa femme à lui deviendrait ambitieuse et se mettrait à travailler sérieusement pour se donner un quelconque crédit auprès des autres, bref tout ce qu'il lui a toujours martelé et qu'elle a toujours refusé d'entendre ? C'est un miracle, il n'en revient pas !

Nous vivons deux semaines de merveilleux préparatifs avant l'émission. Tous les jours, à 15 heures, mime avec Yves, puis répétition chronométrée à la maison toute seule des heures durant. Mon numéro commence à prendre de l'allure ; Yves et moi l'avons composé volontairement romantique et émouvant, jouant sur des gammes que les téléspectateurs et trices ne connaissent pas encore. Tantôt je sors de ma cage, tantôt je sème des fleurs à tous les vents. Bref une nouvelle Sonia naît dans les mains de ce jeune mime brillantissime qui à n'en pas douter reprendra le flambeau de M. Marceau. M. Marceau que j'irai voir sur scène pour peaufiner mon numéro et dont j'admirerai le corps parfait, sec, longiligne et expressif.

C'est pas tout ça, mais il faudrait que je me mette dans le crâne que nous sommes lundi et que demain à la même heure je serai à Montlhéry pour m'exercer au karting de compétition, moi qui ai passé huit fois mon permis de conduire et qui ne reconnais toujours pas ma droite de ma gauche.

Je suis prise de suées inopinées, suivies de crises d'angoisse effroyables. J'ai le dos qui dégouline, je me vois foncer droit dans le mur, faire trois tonneaux et venir mourir dans les rambardes de foin. À moins que le kart prenne feu, que je sois bloquée dedans et que je finisse comme une sardine grillée.

Bref, je ne veux pas y aller.

Et puis d'abord il y a vingt mille ans que je ne pratique plus aucun sport à part la natation. Là, au moins, on est tous à égalité devant le célèbre théorème d'Archimède. Mais dans un kart, je vais à tous les coups être ridicule. Faut se baisser, se relever, se tourner... un enfer, quoi ! Surtout qu'avant je savais très bien ce que physiquement je pouvais me permettre et ce que je devais m'interdire. Tandis que maintenant je suis dans le flou absolu. J'ai bien remarqué, avec mes séances de mime, que je me mouvais beaucoup mieux qu'avant, et surtout que je n'avais plus le vertige. Avoir le vertige perpétuellement, je vous assure qu'à la longue c'est très agaçant. Je me souviens qu'adolescente j'avais entendu Hitchcock expliquer qu'il avait le vertige en haut d'un escalier ou à côté d'une piscine, parce que, disait-il, quand on est gros la place de votre nombre d'or change (le centre d'équilibre parfait est dévié) et on est toujours chancelant, branlant. C'est vrai, mais depuis novembre je n'éprouve plus cette sensation. Comme quoi, à vingt kilos près, vous retrouvez votre exact point d'équilibre. C'est pas capital, ça, peut-être ?

Depuis trois mois je réapprends à me positionner dans l'espace. Plus besoin d'ouvrir les portes avec grandiloquence, je passe dans l'espace d'un entrebâillement comme tout le monde. Je repivote dans ma cuisine sans m'écraser une hanche à tous les coups contre le frigo, ou le genou sur le lave-vaisselle. J'aborde les escaliers sans me tenir désespérément à la rampe de peur d'être attirée par le vide. Difficile rééducation spatiale, que de s'apercevoir qu'on peut redanser au *Macumba* de Loos-en-Gohelle sans faire préalablement vider la piste, et sans avoir besoin d'aide pour se lever de son strapontin. Mais là, pour le kart, j'avoue que l'inconnu me submerge. Je ne le sens pas, moi, leur engin pour poids super-coq !

Dring… Ça y est, je ne peux plus reculer. Le taxi qui doit m'emmener à Montlhéry est arrivé, me voilà déjà dedans, transie… Heureusement il ne s'agit pas de n'importe quel conducteur mais de celui de la production, lequel est d'ailleurs chargé de mettre au point les numéros de *Super-Nana* en extérieur.

Il m'explique que je ne vais prendre aucun risque. J'acquiesce, genre qui n'a peur de rien de toute façon. En fait, si je ne me sens pas à l'aise pour conduire mon kart quelqu'un me doublera, et si je n'ose pas monter dans un kart professionnel on me mettra juste dans un petit pour Alain Prost en herbe.

Mon chauffeur se veut très pédagogico-rassurant. Résultat, je flippe encore plus. Pourquoi y a-t-il des grands et des petits karts, des karts d'entraînement et d'autres de compétition ? Pourquoi ont-ils absolument voulu toutes mes mensurations ? S'ils me donnent une combinaison ignifugée, c'est bien que je risque de griller à tout moment ! Et on n'arrive jamais dans ce foutu patelin ; en plus, j'ai l'impression qu'ils nous ont foutu Montlhéry à côté de Lyon tellement la route me paraît longue…

Enfin, nous y voilà. Quel accueil ! Un pilote professionnel et son assistante, les deux préparateurs des karts et une « équipe » pour m'habiller : il n'y a pas à dire, ça rassure !

Bon. Maintenant j'ai deux solutions. La première, que j'ai longuement pratiquée, consiste à partir en prétextant un quelconque mal de ventre, la seconde à rester et prouver que Sonia Dubois peut faire du karting.

J'enfile une première combinaison : trop grande, quel pied ! Aussitôt une flottille d'assistants du team de karting m'en donne une autre tout à fait de ma taille (du 46). Nickel-chrome tout me va impec, direction les karts sans tarder. J'en vois deux à travers mes yeux embués de sommeil et de trac. Un qui me paraît comme ça, à vue de nez, sympathique voire confortable, assez carré, et qui m'inspire confiance. Il a l'air solide, on peut penser que mon derrière ne va pas passer à travers. En revanche, celui d'à côté ressemble à une voiture à pédales pour enfant. Jaune – déjà ça fait pas sérieux –, il me semble construit en bois de cagettes tellement il est léger : il bouge tout seul au moindre coup de vent. Et surtout, il est très étroit. Me voilà bien, maintenant !

Mais rien à faire, ma petite voix met les bouchées doubles : « T'es une fille formidable, tu vas tous les avoir. Et puis ton idole, n'est-ce pas Trintignant dans *Un homme et une femme* ? Alors joue-la très sûre de toi, casque intégral vrillé le long du bras et regard ténébreux sur le circuit, genre faut pas me la faire y en a pour cinq minutes à tourner votre plaisanterie. »

Que voulez-vous que je fasse, moi ? J'obéis, tiens, et je trouve ça génial de prendre confiance en moi. La Terre m'appartient, plus rien ne me fera jamais peur, c'est un acquis à vie.

– Voilà, Sonia. Vous allez commencer par le petit kart jaune d'entraînement parce qu'il a le moteur bridé. Entendez par là qu'il ne roule pas trop vite, c'est celui qu'on donne à tous les adolescents qui débutent dans la discipline.

Mince alors, mais comment je vais entrer dans cet engin de malheur ? Ma fesse gauche est plus large que le siège entier du mini-véhicule !

– Attendez, il n'y a aucun problème, répond-on à mon objection. Vous allez enfiler vos deux pieds jusqu'au bout du kart, et nous on va pousser sur vos épaules jusqu'à ce que vous entriez dans le véhicule. N'ayez pas peur, on procède toujours de la même manière avec les adultes qui commencent.

Comment ça, il n'y a pas de problème ? Je me sens carrément humiliée ! Devant tout le monde, deux assistants sont obligés de me presser dans l'engin pour me caler le gras sur les côtés, et il faudrait que je le prenne avec le sourire ?

Si encore ça s'arrêtait là ! C'est qu'il faut la faire démarrer, cette espèce de tondeuse à gazon à réaction !

Les deux mêmes assistants me poussent jusqu'à ce que le moteur parte. C'est long, cent mètres, avant de s'autonomiser… Mais ça y est, je suis partie tel Fangio dans ses meilleurs moments. Rien ne m'arrête. Tout me grise. Je vais de plus en plus vite, je prends le froid de partout, pas grave j'ai l'habitude, seuls les premiers virages en épingle me causent quelques palpitations supplémentaires, et ô miracle je passe les premiers. Mais trop contente de moi je me déconcentre un instant et me prends la rambarde de sécurité de plein fouet. Me voilà moins fière, en plus je me suis fait très mal à la main et au genou, mais s'ils comptent que je le leur dise ils peuvent toujours se brosser.

Je reviens en freinant très brusquement au stand pour un arrêt et un point récapitulatif de mon premier tour. Ils sont contents, très contents, pensent tous que ça se passe très bien. Il est juste nécessaire que je me mette à rouler beaucoup plus vite, ce qui va venir sans peine avec l'entraînement. Ils me laissent donc accomplir huit tours de piste sans m'arrêter pour que je possède bien la technique et négocie les virages suffisamment à l'avance afin de ne plus avoir peur de finir dans les meules de foin. Et il n'y a pas à discuter : il faut que j'aille beaucoup plus vite.

Ayant parfaitement reçu les instructions, je m'apprête à repartir à la conquête de mon mini-circuit lorsque le réalisateur de la séquence pointe son minois devant sa caméra. Choc. J'adore. La quarantaine tourmentée, les yeux bleu Ajax-Vitres cerclés de petites lunettes en métal blanc. Le gars qui se conserve avec la fesse bien ferme.

Tout bascule instantanément sur la piste. Il ne s'agit plus que je fasse du kart pour *Super-Nana,* mais que j'entre dans un processus de séduction avec le réalisateur à travers mon épreuve. D'un seul coup j'ai un tigre dans le moteur. Oui, je vais rouler vite. Très vite.

Après tout je suis une jeune femme bien dans sa peau – et bien comme jamais. Débarrassée de mon superflu je repars à l'attaque, à la conquête des hommes. Je peux même affirmer que des ailes me poussent.

Je vais vous dire un truc : je me sens belle. Et ça me plaît, croyez-moi... Par ailleurs, comme c'est du kart pour la télé, je suis maquillée impec. Alors aucune raison de m'angoisser, j'ai toutes les cartes en main.

Je ne vais pas me priver d'en profiter. Minauder, jouer à cache-cache pas vu pas pris, au chat et à la souris, me laisser prendre au jeu et récupérer mes billes puis rafler la mise et le mettre échec et mat, quel pied ! En dix ans, à défaut de pouvoir les pratiquer, j'ai observé et étudié toutes les méthodes de séduction. Et je suis devenue re-dou-table. Attention danger !

Tiens, je vais leur faire le tête-à-queue contrôlé qu'ils me demandent tous pour que ce soit bien spectaculaire. J'ai besoin de prouver à ce type-là que je vaux le détour. Mais pas si simple. Le bougre semble blindé à toutes les œillades des starlettes : il ne me regarde ni ne m'entend. Il aimerait que tout se déroule dans les meilleures conditions possibles et le plus vite sera le mieux. Il faut dire qu'il a la bagatelle de huit caméras à diriger, donc pas franchement le temps de s'attarder sur mon torride sex-appeal.

Du coup me voilà déçue, déçue et vexée, allant même jusqu'à penser que je n'aurai vraiment jamais aucune chance avec les mecs.

Enfin, en élève raisonnable, je me dis que le mieux qu'il me reste à faire c'est encore de réussir mon épreuve de bout en bout. Et j'y parviens.

Alors là miracle, cet homme dont j'ai un instant pensé qu'il frisait l'autisme s'approche de moi dès la fin de mon tête-à-queue et me félicite :

– Voilà ce que c'est que les femmes, les gars ! Elles n'ont peur de rien. Elles affrontent tout lucidement, et contrairement à nous accomplissent vingt mille trucs qu'on n'a pas le courage de faire nous. Non, vraiment, vous êtes extraordinaire : quel courage, bravo !

Mon Dieu, il m'a parlé... Complimentée... Ce type est un ange tombé du ciel. En plus il m'a très bien filmée, je me reconnaîtrai à peine lorsqu'ils diffuseront la séquence en plateau.

Me voilà forte d'une nouvelle expérience ; d'abord je ne laisse plus indifférente la gent masculine que je préfère : les trente-cinq quarante ans, beaux, grands, minces, « qui-ont-vécu-mais-restent-très-séduisants », un rien paumés, un zeste intellos. Bref, le plan qui se finit toujours dans les pires ennuis...

Mais ça y est, je peux repartir à la poursuite du diamant vert. C'est le moteur essentiel de ma vie que je viens de remettre en route (ou de mettre en route ?), et pour longtemps, croyez-moi.

*

* *

Huit jours après l'enregistrement de l'épreuve à Montlhéry arrive le plateau de *Super-Nana.* Je me suis fait confectionner une petite robe très drôle pour l'occasion. C'est la couturière des Drag Queens qui me l'a arrangée. Vous savez, les Drags : ces hommes déguisés en femmes mais qui ne se prennent surtout pas pour des filles (si vous ne savez pas, allez voir *Priscilla reine du désert*).

C'est une petite robe noire très courte avec un grand col Claudine blanc, mais ornée d'une bouche d'un rouge violent et de deux grands yeux bleus au niveau des seins. Effet garanti. Je passe avec brio l'épreuve de l'interrogatoire, faut dire qu'il y a une alchimie magique entre Patrick Sébastien, Gilbert Montagné et moi. Et que de toute façon je ne veux pas décevoir Laurent Baffie, alors une fois de plus il faut que je sois la meilleure, et j'y arriverai puisque je repartirai à la maison avec le titre de Super-Nana en poche.

Évidemment, ce n'est pas cela le plus important. C'est plutôt que toutes celles et ceux qui me prouvent leur affection depuis trois ans cautionnent mon régime. Oui, l'avis du public m'est vital et me donne instantanément la force de poursuivre ou l'envie d'arrêter tout net. Et elles m'ont aimée, ce soir-là, toutes mes copines boulottes que je connais ou non. Elles ont bien compris, elles, que trop c'est trop, et qu'à un moment il faut maigrir. Elles me l'ont dit, que c'était génial et courageux. Alors non seulement j'enlève le titre, mais en plus j'ai maintenant l'aval de ceux que j'aime pour continuer.

Dans ces moments-là, je pense que je peux dire à quoi ressemble le bonheur. Certes ils sont rares, ces moments, mais peut-être que ça vaut mieux. Ils sont tellement forts que si je vivais cette histoire d'amour tous les jours avec mes « adeptes » je mourrais d'une crise cardiaque, tellement tant de joie vous déborde et vous écrase.

Je ne perdrai plus ni l'objectif des soixante-dix kilos, ni le cap. Tous ceux à qui je suis viscéralement attachée me l'ont demandé, et c'est assez pour ne plus faillir. *Super-Nana* aura été ma vraie rentrée en tant que jeune femme volontaire, et les mois qui vont suivre ne feront que le confirmer.

– IV –

MINCE ALORS !

Mars-avril

L'ensemble des journaux télé et des magazines féminins ayant vu l'émission de Patrick Sébastien ne peuvent en croire leurs yeux : tous me demandent des interviews et des séances de photos à n'en plus finir. Je m'y plie de bonne grâce, ravie de voir ma nouvelle silhouette s'étaler un peu partout. En revanche, si les photos me plaisent (j'ai toujours adoré les séances), les interviews me dépriment toutes plus les unes que les autres. Les questions essentielles sont toujours les mêmes, je les ressens impudiques, indécentes, indiscrètes, méchantes, jalouses, perverses.

Petit résumé de la chose :

– Qu'est-ce qui vous a décidée à vous y mettre ? Pensez-vous résister encore longtemps avant de craquer ? Et votre mari, comment prend-il la chose ? Votre public ne se sent-il pas trahi [*comme s'il n'y avait que des gros tas pour m'aimer* !] ? Vous reconnaissez-vous encore dans ce changement ? Pourquoi ne pas être restée comme vous vous êtes imposée, c'est-à-dire en tant que grosse ? Comment résistez-vous à la tentation perpétuelle de la nourriture ? Finalement, contrairement à ce que vous disiez, vous n'avez jamais été bien dans votre peau ?

Et la cerise sur le gâteau :

– Mais vous savez, Sonia, on vous aimait aussi très grosse. Ça n'a rien à voir avec votre personnalité, votre histoire de poids, n'êtes-vous pas en train de vous tromper de problème ?

Sympa, non, la journaliste psychanalyste ?

Cependant, alors que j'ai repris le chemin du centre quasi quotidiennement, ma vie a radicalement changé. Je suis devenue comme une petite lumière dans la nuit des obèses qui se disent que, finalement, si j'y arrive pourquoi pas eux ? C'est comme ça que le centre va se remplir d'hommes et de femmes venant voir un cas et voulant arriver au même résultat.

Je passerai beaucoup de mon temps à les écouter, à les rassurer, et croyez-moi j'ai souvent le sentiment que c'est ce que j'ai de plus intéressant à faire dans ma vie.

Le contrat publicitaire qui me lie au centre s'étale dans toutes les pages de pub des journaux, pour mon plus grand plaisir. Chaque séance de photos prouve que je change de jour en jour…

Jusqu'à attirer fin avril l'attention d'Anne Barrère et de Patrice Carmouze, les deux rédacteurs complices de *37,5° le soir* sur TF1.

Bien entendu, à deux mois des vacances, le contenu de l'émission est un grand classique : « Comment maigrir et rester mince ? »

Je trouve Mme Barrère très intéressante et documentée sur le sujet dès notre premier entretien téléphonique. Elle me plaît. Elle ne cherche pas à savoir le pourquoi du comment existentiel de mon amaigrissement, mais juste si médicalement tout ça est bien sérieux. Elle le vérifiera d'ailleurs elle-même en allant tourner un petit sujet au centre. Nous faisons ensuite le tournage de l'émission en plateau. Je suis entourée de gens dont je me sens proche comme Paul-Loup Sulitzer, bien plus sympathique que tout ce que l'on en dit – peut-être même fragile. Il y a aussi une Américaine, moins fragile mais qui a compris que l'amaigrissement c'est très juteux : elle est devenue milliardaire avec ses recettes de purées d'avocat. Bref l'ambiance est joviale, elle nous ressemble, ronde, sans excès et chaleureuse.

D'ailleurs Patrice Carmouze ne s'y trompe pas. Son œil d'expert me repère et on ne tarde pas à se re-rencontrer pour parler de *Coucou c'est nous,* où je suis invitée quelques jours plus tard.

Sanctuaire du PAF[1] s'il en est, *Coucou* et Christophe Dechavanne représentent pour moi des modèles à suivre absolument, tout comme ailleurs Antoine de Caunes. J'entre donc dans un des temples de la « télé faite pour être regardée ». J'ai l'impression d'avoir gravi l'Everest, tout gagné, et de m'être jetée dans le grand bain pour en ressortir championne de dos crawlé !

1. Vous savez, le fameux paysage audiovisuel français !

Dès la première réunion, je regarde les filles de la production, me demandant avec inquiétude comment je vais être acceptée. Elles sont toutes très jeunes, très parisiennes, très sophistiquées. Ma vieille panique m'envahit de nouveau. C'est quoi, ma vieille panique ? Me trouver très moche, très grosse, très niaise, avoir peur d'être jugée par les autres comme telle, donc de finir rejetée. La grosse nulle idiote, si vous préférez. Du coup je suis à l'affût du moindre mouvement de lèvres de l'ensemble de ces beautés pendant toute la réunion, qui se passe ma foi très bien.

J'attends la fin avec impatience. Peut-être l'une d'entre elles me dira-t-elle ce que j'ai à faire pour ma première rubrique. Je m'aperçois très vite que ce n'est pas ça, mais pas ça du tout qui les intrigue, les méduse même...

– Écoute, Sonia, on t'avait vue en février à la télé et puis dans tous les journaux après, mais là vraiment c'est génial, extraordinaire ! Comment tu fais ? C'est à peine croyable... Heureusement qu'on savait que c'était toi, parce que je te jure, il y a de quoi sérieusement hésiter.

Je ne suis pas peu fière. J'explique à tout le monde les bienfaits du régime protéines-fibres, la vitesse à laquelle on perd ses kilos superflus sans pour autant attaquer sa masse musculaire ni son énergie vitale. Moi, me livrer à une espèce de cours magistral sur la diététique, voire l'éthique d'une hygiène de vie équilibrée sans être stricte pour autant ? On croit rêver ! Je suis aux limites de la schizophrénie ! Il n'y a pas si longtemps de ça – six mois à peine – je lisais mon avenir dans la rosette de Lyon, alors que dorénavant c'est dans le blanc de poulet. Blanc de poulet qui me permet de grimper haut la main mes échelons de minette parisienne, et qui m'assure l'entrée dans le sérail très fermé de la journaliste « sérieuse-mais-pas-triste-de-l'access-prime-time-de-la-une », celle en qui la ménagère de moins de cinquante ans se retrouve, qui plaît aux hommes mais ne se pose pas comme sex-symbol non plus.

Au-delà de ça, et c'est le plus important pour moi, je vais me mettre à aimer les jeunes femmes qui m'entourent, à les écouter, aller jusqu'à les comprendre. Pourquoi ? Parce que nous avons toutes la même angoisse existentielle : celle de ne pas pouvoir enfiler notre robe fermière Lolita Lempicka de l'été prochain. Et croyez-moi, à l'heure où nous arrive notre salade de carottes râpées, c'est bien plus essentiel pour nous que les trajectoires sinueuses du serpent monétaire européen !

Bref, je me façonne en tant que jeune femme moderne et dynamique qui ne s'en laisse pas conter… Je passe l'épreuve du feu – celle de la première rubrique – avec un certain succès, sauf qu'il y a parfois dans mon intonation ou dans mes gestes trop amples un vague rappel frou-froutien. On m'explique, très gentiment au demeurant, que je n'ai surtout plus besoin de jouer un rôle, puisque à présent ma voix, mon visage et mes papiers (le contenu de mes rubriques) suffisent à faire passer ce que j'ai à dire.

En clair, je n'ai plus à faire oublier que je suis grosse sous vingt tonnes de facéties parfois difficiles à assurer au quotidien. C'est qu'il va falloir que je m'y habitue, au fait d'être devenue normale, comme les autres ! Déjà, au niveau vestimentaire, l'idée ne me viendrait plus de demander à ma couturière un costume de guignol ni un chapeau à plumes. De même, j'abandonne définitivement le make-up façon *Mort à Venise* et les couleurs de cheveux flamboyantes. Je me présente au public naturelle : en blazer bleu marine et tee-shirt blanc, 501 (je le dis parce qu'on le voit pas, il est sous la table) et la chevelure châtaine dont – allez, j'avoue... – les tempes blanchissent.

La deuxième rubrique se passe encore mieux, plus coulée, plus sereine, peut-être aussi ai-je moins le trac et le reste de la saison s'enquillera avec le même bonheur retrouvé. Celui d'être enfin reconnue en tant que femme (il était temps, car je pensais que je ne sortirais plus jamais de mon rôle de Bozzo le Clown) et journaliste à part entière. Nous travaillons d'arrache-pied et nos réunions sont ma foi fort animées. Libérée du poids de mes quatre petits pains au chocolat matinaux, je participe allègrement à cette animation.

Tout me plaît, ici, et je le leur dis sans arrêt. Je me demande cependant s'ils parviennent à capter pourquoi je leur répète que j'ai l'impression de tutoyer le bonheur.

En plus, je continue de maigrir vertigineusement.

Pourquoi ? Parce que je travaille quinze heures par jour avec mon acolyte Raphaël à la fabrication de ma rubrique quasi quotidienne, et que c'est encore la meilleure façon d'oublier que l'on a faim que de se tuer au boulot. Et puis j'ai très envie d'être mince, de ne plus avoir la moindre trace de double menton, de mettre tous les vêtements dont je rêve, et pourquoi pas – un jour – un tailleur de chez Saint-Laurent !

Bref, j'entre dans une période de mono-maniaquerie intense de la surcharge pondérale : j'irai jusqu'à passer quarante-huit heures sans rien avaler. Juste boire un peu d'eau par toutes petites gorgées, histoire de ne pas gonfler. Résultat, je perds deux tailles de 501 en moins de trois semaines. Me voilà d'abord au petit 44, puis mi-juin au vrai 42. Je suis obligée de vous le dire tout net, aussi bêta que ça vous paraisse, je suis heu-reuse. Mon visage s'est totalement redessiné. Mes pommettes se dégagent du bas de mon visage, laissant apparaître des racines slaves que l'on ne pouvait deviner jusqu'alors. Mon double menton ayant disparu, on s'aperçoit, non sans contentement, que j'ai un cou. Même qu'il est fin et long ! Pas princesse peule, mais relativement altière. Mes bras se détachent enfin de mes épaules et je ne ressemble plus à un grand tuyau de cheminée, je ne suis plus bâtie en raglan – comme dirait mon ami anorexique qui ne cesse de me toucher, émoustillé qu'il est de pouvoir compter mes os, mes salières, mes côtes, ma taille, mes hanches et mes jambes. Il fait courir ses dix petits doigts agiles le long de tout mon corps pour être certain qu'il ne rêve pas et relève la tête, ravi de constater que c'est vrai : Sonia Dubois est faite avec des os, il les a sentis !

Qu'est-ce que je vais bien, mais bon sang qu'est-ce que je vais bien ! Quand je m'allonge en fin de journée, après l'émission, je sens les deux os de mon bassin saillir à travers mon jean, pointer dans mes poches. J'ai même le ventre en creux. Dans ces moments-là, vous savez ce que je fais ? Je prie. Je prie le Bon Dieu pour que ce bonheur dure toute la vie et que je ne regrossisse jamais. Et ça marche. Il m'entend là-haut, m'écoute et m'enveloppe de l'énergie nécessaire pour ne pas replonger. Dieu, t'es un grand monsieur, merci.

Il n'y a plus qu'un truc qui m'ennuie, les cheveux. Bien sûr ils sont redevenus naturels eux aussi, c'est-à-dire poivre et sel avant l'heure, et avec une de ces coupes !

Je n'ai que trente ans, et je me demande si le régime ne m'a pas dépigmenté la chevelure... Plus ringarde tu meurs. Quoi en foutre, de cette touffe surabondante ? Peut-être demander à Raphaël, mon assistant : il sait tout, Raph', il a un jugement sur chaque chose et ne se trompe jamais. Il a vingt-neuf ans. Et je sais, avant que lui-même n'en soit conscient, que dans dix ans il sera l'un des meilleurs producteurs de Paris. Alors je le teste souvent pour voir s'il tient vraiment entre ses mains toutes les rênes de la réussite. Et je suis souvent bluffée par la pertinence de ses réponses. Mais c'est normal quand on porte comme lui des chemises à gros carreaux d'ouvrier cheminot, des jeans de toile à la James Dean en balade à Santa Fe, des lunettes à la Groucho Marx, la boucle de cheveux rebelle et ténébreuse, la chaussette haute en fil d'Écosse bleu marine et la bottine anglaise. On est forcément un gars qui ne se trompe jamais, en plus Raphaël c'est le roi d'Internet et ça, ça achève de me bluffer.

– Dites-moi un peu, Raphaël, vous ne trouvez pas que je pourrais faire quelque chose pour remédier à ma coupe à la Louis XI ?

– Comme vous y allez, Sonia ! Vous ne ressemblez pas à Louis XI, vous avez juste une petite coupe à la Louise Brooks, carrée, alors ça vous aplatit un peu le visage, mais sans plus. De toute façon, moi, les filles avec des cheveux courts j'ai horreur de ça. J'aime de la boucle, de la longueur, de l'épaisseur, quelque chose de féminin, quoi…

Ça alors ! Ce type emblématique de la mode des vingt-trente ans qu'on pourrait croire sorti tout droit de *La Haine* n'aime que les filles romantiques un rien niaises…

– D'accord, mon p'tit Raph', mais vous savez bien que ce n'est pas mon genre du tout, les cheveux longs. J'avais pensé faire une coupe à la Jacques Dutronc : vous savez, une raie sur le côté droit, deux longues pattes sur chaque côté du visage et la nuque pas trop courte non plus. Le tout très effilé.

– Écoutez, on ne va pas en parler des heures, le mieux c'est d'essayer. Au pire, ça repoussera.

Je n'hésite pas un instant de plus : je cours chez le coiffeur, plaquant net mon travail. Une demi-heure plus tard, j'arbore une tête à la Zizi Jeanmaire. Et là, à ce moment précis, c'est la réelle émotion : je suis devenue complètement, définitivement, la « vraie-nouvelle » Sonia Dubois. Tout le monde est d'accord : « C'est sensas', génial », enfin on découvre mon visage aminci.

On dirait vraiment que j'ai gagné mon pari fou, cette obsession dont je vous rebats les oreilles : être comme tout le monde, pouvoir parler avec les filles des mêmes choses qu'elles. De l'inconvénient du soutien-gorge à baleines l'été à l'épaisseur des sabots Sacha en cuir verni bleu ciel.

Barclay vient de ressortir les années Delpech, je me suis précipitée dessus comme la vérole sur le bas clergé breton. Je sais, vous allez me dire que d'avoir maigri n'autorise pas pour autant les goûts musicaux douteux. Eh bien moi j'adore Michel Delpech et je chante à tue-tête : « La vie, la vie, aussi moche soit la vie, c'est une corrida... une tombola. » Bref, je suis d'excellente humeur et la vie me sourit comme jamais.

Enfin presque. Parce que avec tout ce travail je n'ai plus le temps d'aller au centre qu'une fois par semaine, et ma petite voix n'arrête pas de m'asticoter :

« Tu vas voir, si tu te contentes d'un seul bandage à froid par semaine, tu vas très vite reprendre. Le froid, c'est la chose essentielle pour maigrir ! »

Je me sens mal, coupable de ne pas trouver le temps d'aller au centre, mais je suis désolée, j'estime que travailler à *Coucou* est beaucoup plus intéressant que de ressembler une heure par jour à un gros phoque égaré sur un transat.

Mais si je pense ce genre de choses, c'est peut-être très mauvais signe, signe que j'en ai assez de maigrir, que je ne supporte plus le froid, gage de ma silhouette retrouvée. Le temps, si découvert au-dessus de mon crâne depuis quelques semaines, se brouille soudainement.

Je vais analyser la situation point par point au calme dans ma loge, et puis après nous verrons où j'en suis réellement. La première et essentielle info à retenir c'est que depuis un mois j'ai maigri comme jamais. Deuxièmement : je viens de m'acheter un nouveau 501. Oui, je sais : encore ! Mais ils sont mon vrai baromètre à moi, mes jeans, et celui-ci c'est du 42. Troisièmement : la dernière sensation de faim qui m'envahissait encore quotidiennement à 18 h 30 jusqu'au mois d'avril a complètement disparu, autre victoire énormissime. Quatrièmement : je reporte des hauts talons sans avoir l'air de la tour de Pise et sans que mes petits camarades aient l'impression que je vais m'affaler sur eux à chaque pas.

Donc, au vu de ce bilan tout va très bien, mieux que jamais. L'essentiel est que les deux patrons du centre ne remarquent pas trop mon manque d'assiduité, pour que je puisse continuer à percevoir mon argent de poche mensuel.

Une nouvelle boulimie me dévore donc. Parce qu'il y a quelque chose qu'il faut bien comprendre : on naît intrinsèquement boulimique, en général les premières manifestations sont d'ordre alimentaire, puis comme dans mon cas on peut dévier vers d'autres folies aussi démesurées. Je vais d'ailleurs vous donner la seule véritable définition de l'hyperphagie : tout vouloir tout de suite à soi tout le temps ; compenser ; combler le gros trou d'amour de quand on était petit…

L'exemple le plus flagrant pour une jeune femme au régime c'est les fringues. Lorsqu'on perd quarante-cinq ou cinquante kilos en à peine huit mois, cela signifie que ce que vous avez acheté et porté le lundi d'une semaine va devenir trop large dès le vendredi de la semaine suivante. D'où la nécessité de renouveler perpétuellement le stock. Autant pour les culottes, les soutiens-gorge que pour le mythique 501. Et il n'y a pas que ça : plus vous maigrissez, plus vous avez envie de porter des vêtements moulants ou transparents, voire faussement fluides. Bref vos goûts changent complètement. Par exemple, en ce moment, je fouine partout dans Paris à la recherche des ensembles de sous-vêtements Petit-Bateau pour adultes. Si vous ajoutez à leur prix celui des bus que je prends pour les trouver et le temps perdu sur mes heures de travail, ça met rapidement l'ensemble à six cents francs. Et dans huit jours, vers quelles jupes bohémiennes ou quel manteau structuré se portera ma maniaquerie ?

Parfois je m'amuse à ressortir un vieux soutien-gorge de mon armoire. Je le conserve comme témoin de ce que je ne porterai plus jamais (je l'espère du moins). Eh bien je mets les deux bonnets de mes nouveaux soutiens-nénés dans un seul de celui d'octobre. Surréaliste. Au point que je me demande où ça s'arrêtera. Étant déjà passée du 115E au 95D, pourquoi ne pas rêver d'accéder un jour au légendaire 90C ? Alors voilà, j'ouvre mon porte-monnaie et la valse infernale de mes talons de Carte Bleue m'étourdit.

Je jette mes reçus au fur et à mesure que je les reçois, et pourtant ma petite voix me tenaille des nuits entières :

« Comment tu vas faire, au bout du mois, pour t'en sortir ? Tu comptes te débrouiller comment, si tu ne veux pas que ton mari l'apprenne ? »

Oh la la… il faut que je me calme. Je suis prise dans l'euphorie du bonheur retrouvé, mais je la sens très mal, cette fin de mois, avec vingt-cinq mille balles de cochonneries à payer plutôt que d'économiser pour mes vacances aux *States*…

Et puis zut, à la fin, je suis mince, nouvellement jolie (enfin moi je trouve !), je ne travaille pas trop mal, je continue d'assumer l'intendance de la maison et l'écriture de ma pièce de théâtre. D'ailleurs il faut que je me remue, que je passe au maquillage et que je monte faire ma rubrique. Dans ce drôle de métier qui est le mien, j'ai toujours eu des maquilleuses extraordinaires qui comprennent parfaitement ce que j'aime. Celle-ci, je lui ai dit que j'aimais les photos de Sarah Moon, eh bien j'aurai l'œil charbonneux que j'adore jusqu'à la fin de la saison (entendez par là fin juin). Un coup de blush, un peu de gloss sur les lèvres, deux trois petits mots d'encouragement, cinq minutes de détente et il est déjà plus que temps que je remonte sur le plateau.

J'avale les marches qui nous séparent du public quatre à quatre et je me fais alpaguer – enfin, pour être tout à fait honnête, arrêter par une chose étrange.

Je commence par vociférer que je n'ai pas le temps, et puis je stoppe net mon escalade. Je lève les yeux toujours sans comprendre ce qui est en train de me tomber dessus. Au début je ne vois rien. D'abord je suis éblouie par la lumière qui vient des baies vitrées du rez-de-chaussée, et puis sans mes lunettes, que je quitte pour tourner, le monde m'apparaît dans une espèce de flou artistique. Je fixe quand même, je ne sais pas pourquoi il faut que je voie qui me met en retard. Intelligent, non ? Plutôt que de filer au plus vite vers ma place à la table de Christophe...

Je secoue la tête de droite à gauche, plisse les yeux, fais semblant de reprendre mes esprits. Et je vois. Je *le* vois. Devant moi, dressé une marche plus haut comme la statue du Commandeur.

Grand, maigre, jeune, châtain clair, le cheveu long et sale, le jean moulant des jambes interminables, le blouson modèle « qui tient debout tout seul grâce à sa croûte de crasse ». Mais surtout une paire d'yeux ! Une sorte qu'on ne vend ni n'achète, pas même chez Pitangui. Deux espèces de lacs bleu acier qui lui bouffent la figure. Enfin bref, se plante devant moi Coco Belle Gueule, la star des boums d'Elbeuf, la coqueluche de toute la prod', celui dont j'entends parler depuis un mois mais que je n'avais jamais vu. Je n'arrive plus à détacher mon regard de la « créature » désinvolte qui se déplace devant moi, déliée et un rien arrogante.

– S'il vous plaît, excusez-moi, vraiment je sais que vous n'avez pas le temps, mais pourriez-vous me faire un autographe pour ma maman ?

Je bredouille que oui-non après tout, en cherchant un Bic que je n'ai pas sur moi. Il m'en tend un qui ne fonctionne pas. J'essaie désespérément d'écrire. Rien à faire. Et puis de toute façon comment elle s'appelle, sa mère ?

– Jeannette.

– Jeannette avec un « e » comme dans Jean ou pas ?

– Oui, avec un « e ».

Mais comment puis-je poser ce genre de question qui a le don de mettre les gens mal à l'aise ? Parce qu'il me reste un fond d'agressivité du temps de mes grosseurs.

D'une voix étranglée il se confond en excuses pour le dérangement, alors que je lui tends une sorte de torchon à moitié déchiré et illisible. Grande dame, je lui promets de lui en refaire un propre aussi vite que possible.

Touchée-coulée, vue et prise. De celui-là je ne me remettrai pas. Il y a des moments dans la vie où en trois minutes montre en main vous savez que tout bascule irrémédiablement. Et surtout vous percevez avec une certaine lucidité que vous allez être gravement mordue, et, quoi qu'on vous conseille, vous ne suivrez que votre instinct, lequel n'est bien entendu là que pour vous égarer.

Je finis de monter les marches qui me conduisent au studio. Je cherche hystériquement Raphaël, je veux qu'il me fasse sur-le-champ une fiche de lecture détaillée de l'animal que je viens de croiser. Le voilà justement, mon Raph', qui disparaît sous les couches-culottes dont je fais le banc d'essai ce soir.

– Raphaël, arrêtez-moi tout ce bouzin immédiatement et dites-moi qui je viens de croiser dans les escaliers.

– Comment ça, qui vous venez de croiser dans les escaliers ? Écoutez, Sonia, je vous adore, mais là on est à trois minutes du top antenne, je n'ai pas les baigneurs pour votre rubrique, on a oublié de mettre le prix des couches à l'unité sur des étiquettes genre rustique, voyez le genre de souci que j'ai. Est-ce que vous avez seulement appris votre papier ? Non, je ne ris pas, Sonia... On est dans le jus, c'est moi qui vous le dis, seulement c'est vous qui serez seule devant la caméra, alors je serais vous, je ne chercherais pas là maintenant à savoir qui j'ai vu dans l'escalier. J'sais pas, moi ! Christophe avec une barbe de père Noël ?

Satanés bonshommes ! Tous des lâches. Dès qu'on a besoin d'un petit service de fille plus personne. Et puis bien sûr tous des jaloux, dès qu'on ne s'intéresse plus exclusivement à leur propre petit nombril mais qu'on en repère un autre. Alors là ils se foutent aux abonnés absents et on n'a plus qu'à se débrouiller toute seule. « Comme une grande fille », qu'ils nous disent, cinglants en plus.

– Tiens, Fanfan, t'es là ? J'te cherche depuis dix minutes. Il faut me faire partir six étiquettes genre boucher rustique à la déco. Tu t'en charges, allez grand, et plus vite que ça encore !

Fanfan ? Grotesque, ridicule, puéril. Surnom pour mongolien. Mais qu'est-ce que c'est que cette histoire ? Pourquoi mon Raphaël appelle-t-il ma découverte Fanfan ? Je ne pourrai jamais l'appeler comme ça, moi, ça fait idiot du village. Il est beaucoup trop beau pour que je l'appelle Fanfan ! La Tulipe aussi, pendant qu'ils y sont !

– Raphaël, qui c'est ce type-là, le mal lavé, la crevette grunge à qui vous venez de parler ?

– Ah, Sonia, votre définition juste mais lapidaire des gens me fera toujours rire. Ça ? C'est notre Fanfan national, ma grande. Le troisième assistant réalisateur. Celui qui va vous chercher votre petit café, vous prend au make-up pour vous amener au plateau. Le grouillot de base, quoi. Là, voyez, je l'ai envoyé en cata à la déco pour qu'il nous fasse fabriquer des étiquettes pour votre petite rubrique. Après je vais l'engueuler parce qu'il n'aura pas été assez vite. Voilà, c'est ça, notre Fanfan... Notez, il est très bien. Oh oui, très très bien.

– Et dites-moi un peu, mon petit Raph', vous avez une idée de comment il fait pour être aussi maigre, votre François, parce que son vrai nom c'est bien François ?

– Arrêtez ou je pisse de rire dans mon jean... Comment il fait pour être aussi maigre ? Vous parlez d'une question ! J'sais pas, moi, c'est les pétards, peut-être ?

– Comme si fumer un peu de shit faisait maigrir, tu parles, Charles !

– Sonia, je vous en prie, allez-y ! Fanfan va vous équiper de votre micro. Bon, vous avez tout ce qu'il vous faut ? Écoutez-moi bien une dernière fois, la table avec les poupons et les couches à gauche, votre rubrique sur trois fiches dans votre poche droite, et surtout n'oubliez pas de montrer vos étiquettes, on en a trop bavé Fanfan et moi pour qu'elles soient timing, celles-là !

Je suis déjà en train de faire mon intro. La rubrique se déroule sous les meilleurs auspices, nous remportons un vif succès grâce aux guignolades de Patrice Carmouze, qui me sauvera bien des coups. Christophe finit quasiment en bébé. Clic-clac Kodak, on a la rubrique dans la poche.

À peine sortie du plateau, j'arrache mon micro avec une violence qu'on ne me connaissait pas, le tends vite fait au sondier et pars à la recherche de François. Où est-il, que fait-il durant l'émission, pourquoi porte-t-il un gros casque muni d'une antenne qui le coupe totalement du monde ? Mais qui est-il, que fait-il là ? Pourquoi suis-je tombée dessus ? Pourquoi ne vais-je pas bien plus de huit jours durant dans ma foutue vie ?

Mais où est-il, bon sang ? Je reste volontairement très maquillée pour qu'il me voie jolie. Autant mettre toutes les chances de mon côté dès le début, cette fois-ci. Même ma petite voix, qui comme à son habitude devrait me conseiller de penser très fort à mon mari, de me changer le plus vite possible et de rentrer préparer un petit dîner léger, eh bien ma petite voix se tait. Ça veut dire que c'est très grave. Si ma petite voix se tait c'est qu'elle approuve, et si elle approuve quelque chose de parfaitement illégitime c'est qu'elle doit avoir compris que c'est vital. D'un autre côté me voilà bien, sans plus aucun garde-fou... Tant pis, je navigue à vue, en souhaitant encore que le meilleur arrive et en évitant le plus possible de penser au fiasco qui me pend au nez avec mes méthodes traditionnelles d'approche.

Et le revoilà devant moi qui sort du back-stage (c'est-à-dire des coulisses dans lesquelles grouille un monde fou qui est soi-disant là pour assurer le bon déroulement de l'émission). C'est vrai qu'il a l'air de s'affairer pour de vrai, le gars François. Il appuie sans cesse sur le gros bouton de son talkie-walkie qui lui permet d'entendre les ordres du réalisateur. Il court dans tous les sens, mais avec une efficacité rare pour un troisième assistant. Il ne me remarque pas, ne me voit pas. Je ne fais pas partie de son entourage immédiat, il est beaucoup trop occupé par la place des invités autour de la table de l'émission. En gros, ce garçon fait correctement son travail. Il n'a pas encore compris que j'allais tout brouiller, tout troubler pour arriver à lui arracher son mystère : comment est-on maigre ? Naît-on comme ça ? Est-ce une question familiale, un héritage, une dose d'amour énorme qu'on a reçue tout petit ? Le métier de ses parents est-il entré en ligne de compte ? Et lui, comment vit-il à Paris ? Que mange-t-il ? Est-il si fou amoureux d'une fille qu'il n'a même plus besoin de se sustenter ?

Comment pouvoir lui poser toutes ces questions sans qu'il s'aperçoive de rien, bien entendu ?

Il faut absolument que je retourne dans ma loge, j'ai la tête qui bourdonne trop d'un seul coup. Partout où je vais, j'ai l'impression que son visage me suit. Ah, c'est certain, je suis prise, et bien. Mais prise à quoi ? Oh, je vous rassure : pas du tout au refrain teen-ager « ouh... la menteuse, elle est amoureuse ». Pas du tout. En revanche c'est ça que je vais laisser croire pendant six semaines pour arriver à mes fins. Diabolique ? Non. Je crève juste d'envie d'être comme lui. J'ai vu passer mon rêve, je ne le quitterai plus.

– Dites-moi, Raph', vous avez vu son cul ? Son cul, parfaitement ! On dirait deux demi-pommes... Mais il est sublime ! Comment il a fait, pour être né comme ça ? Il a payé son ange gardien ? Moi j'ai toujours été contre les pourliches. Normal dans ce cas qu'il me soit arrivé ce qui m'est arrivé.

– Arrêtez, Sonia, je vous dis que j'en ai mal au bide de rire de vos réflexions métaphysiques sur la taille des fesses de notre pauvre Fanfan !

– Ah ça va ! Bien entendu, dès qu'on parle plus de la taille des lolos de Valérie [*le bureau à côté du nôtre*], ça vous branche moins. Lâche, va. Vous ne comprenez pas que c'est pareil pour nous, les filles : on est comme vous, on regarde autre chose, c'est tout. On passe notre vie à regarder le cul des mecs !

– Les autres, je ne sais pas. Mais vous, Sonia, c'est sûr que ça ne vous laisse vraiment pas indifférente. D'accord, c'est pas faux, ce que vous dites : il n'est pas épais, notre Fanfan, tout ça vient du métabolisme. C'est un gars, dès qu'il bouffe il brûle tout. Vous ne pouvez rien y faire, il y a une race de gens comme ça. Vous, vous seriez plutôt, à première vue, la fille qui stocke le moindre truc. Lui, au contraire, tout passe sans laisser de traces.

– On est bien d'accord, mais regardez-le ! Il a plus de vingt ans et on lui en donne seize. Vous n'allez pas me dire qu'il n'y a pas de mystère là-dessous ! Ses jambes, mais vous avez vu ses quilles ? Elles font trois mètres de long et deux centimètres d'épaisseur…

– Ça c'est pas pareil, c'est parce qu'il se recycle. Il est sur des échasses toute la semaine. Il fait un stage pour devenir berger dans les Landes cet été…

Il m'énerve, cette espèce de Raph', à la fin. Je n'arrive pas à lui parler sérieusement de ce qui me préoccupe. Ou bien il ne veut pas l'entendre. Il a peut-être tout simplement assez de névroses à gérer lui-même sans s'occuper des miennes. Mais enfin il sait bien que les miennes me dévorent la vie. C'est plus ennuyeux de ne pas avoir le droit de manger de Bounty à la noix de coco que de ne pas savoir utiliser le dernier service d'Internet ! Je ne vois qu'un truc, l'inviter à déjeuner au restaurant, en terrain neutre. Mes yeux dans ses yeux d'homme, je pourrai lui faire part de ce qui m'obsède légitimement : devenir maigre comme François, car enfin zut, c'est sûrement possible ! Et il sait comment on fait, Raph', puisqu'il est (presque) pareil.

– Dites-moi, Raphaël, un jour de cette semaine il faudrait que nous déjeunions ensemble. Premièrement pour faire le point des rubriques déjà prêtes, et surtout pour mettre en commun nos idées pour celles à venir. Ça vous branche, un petit Japonais, genre jeudi mettons ?

– Ah, mais tout à fait, ma Sonia ! Sur l'idée restaurant j'ai rien contre, sauf que vous voyez, moi, le Japonais, c'est le genre de truc dont je sors en ayant faim. Ce qu'il me faut c'est du roboratif. Par exemple le Marocain d'en bas, son couscous Fassi j'en reprends deux fois sans problème. Comme ça, au premier abord, c'est écœurant. Mais à s'envoyer dans le tarbouif, c'est quand même génial.

– Arrêtez de parler en argot de petit Parisien, vous savez bien que je n'y comprends rien. Enfin je pige assez pour voir que mon invitation diet' ne vous branche pas. Dommage qu'ils ne fassent pas de salades, chez le Marocain…

– Et puis Sonia, vous savez, j'ai besoin de déjeuner avec toute ma bande autour de moi, ça me permet de me détendre sincèrement pendant une heure. Alors le tête-à-tête prise de tête sur les rubriques, vous ne me le jouez qu'au bureau s'il vous plaît.

Parfait. Il vient de me mettre deux-zéro. Un : pas de resto avec moi, parce qu'il ne voit pas ce qu'il pourrait me dire. Deux : il aime s'en foutre plein la lampe avec ses potes. Qu'ils y aillent, ils verront dans dix ans le matin où ils se réveilleront avec toutes leurs cellules graisseuses qui auront gonflé et enfin pris leur place normale à force d'avoir été gavées ! Ils auront grossi de quatre-vingts kilos en une nuit. Au lieu d'avoir connu des seuils d'alerte, comme moi, ça va les prendre d'un coup, tout pareil que s'ils avaient attrapé la grippe. Ils vont se lever un vendredi matin, se regarder devant leur glace et ils seront devenus des Omer Simpson. (Vous savez, ce personnage de dessin animé représentant un père de famille américain qui s'écoute grossir devant la télé en buvant des Budweiser...) J'en ris déjà, du spectacle qu'ils offriront à leurs gentilles petites femmes...

En attendant, c'est quand même un traître de me laisser comme ça en plan. Tant pis pour moi, une fois de plus j'appelle « Allô salades mélangées du XVIIe » en catastrophe et avale ma trente-deuxième thonière en six semaines. Salade, thon, un œuf dur et une demi-tomate compactés dans un bol de plastique hermétiquement fermé. Je ne mange jamais le pain, que j'offre à un rubricard toujours en mal de sucres lents. Quant à la sauce qu'ils nous livrent avec, j'en mets souvent beaucoup dans ma pitance pour son effet diarrhéique immédiat : il me permet de me vider instantanément des deux cents malheureuses calories que je viens de m'attribuer, bien souvent en me forçant.

Car je ne veux plus être normale, comme tout le monde : je veux être maigre ! Je veux atteindre ce nirvâna, et ça ne me paraît plus impossible.

Déjà tout le monde a remarqué que chaque lundi j'arborais un nouveau 501 encore plus petit que celui de la semaine précédente. Certains commencent à s'inquiéter franchement, allant jusqu'à me dire que je n'ai plus tout à fait bonne mine. Pas étonnant : j'ai perdu la bagatelle de neuf kilos en trois semaines. Et là, reconnaissons-le, j'ai le visage qui devient osseux. Il faut que je fasse gaffe, on est à un demi-cheveu de voir ma bosse sur le nez. Parfois le gras, pour ce genre de disgrâce, c'est magique… Maintenant on aperçoit mes os du bassin à travers mon jean sans que j'aie plus besoin de fouiller dans ma poche pour les trouver. Ma taille est franchement marquée, je la sangle avec un énorme ceinturon de cuir travaillé comme de grosses écailles. On dirait du crocodile, c'est du meilleur effet. En haut je continue de porter mes grands basiques, des chemises en jean Joop ou Paul Smith. Rien d'extraordinaire. Du classique qui n'a qu'un but : montrer. Montrer que je fais un petit 42, que j'ai le ventre de plus en plus creux, que d'avoir de la poitrine c'est le truc qui n'a jamais dû m'arriver dans la vie (!). Et surtout mettre en avant ma plus grande réussite, la longueur de mes jambes. OK, la longueur, j'y suis pour rien, mais la finesse de mes cuisses, le délié de mes genoux, ça, messieurs, ça s'appelle quand même neuf mois d'abstinence de saucisson, paris-brest et tout le toutim…

*

*   *

Je n'ai jamais été si mince et je n'ai jamais été si pauvre. Je continue de me réveiller en sueur toutes les nuits. Comment vais-je régler toutes mes Cartes Bleues, témoins d'une volonté qui confine à la folie ? Je n'en sais rien et ce n'est pas mon problème, du moins pas pour le moment. Ce que je voudrais là, maintenant, c'est que François me regarde assez pour s'apercevoir que je ne suis plus la même que six semaines auparavant. Le fera-t-il ? Je n'en sais rien. D'ailleurs je ne vois pas pourquoi il se mettrait soudainement à ressentir un intérêt particulier pour moi. Des rubricards, il en voit passer des tonnes sur tous les plateaux qu'il fait. Et tous les jours, en plus ! Alors ce ne sont pas les guignolades de Sonia Dubois qui vont le perturber en quoi que ce soit, le pauvre gars. Et pourtant moi je veux qu'il me voie. Qu'il comprenne que je fais ou que j'ai très envie de faire partie de la grande fratrie des maigres.

En effet, chers amis, qu'est-ce que le maigre de nature ? Personnellement il me fascine. Il est l'inverse de moi, mon concave, tout ce que je ne vivrai jamais. Prenons des exemples empiriques. Le maigre n'a aucune hygiène de vie. A priori il mange quand il a faim, sans se soucier du nombre de calories qu'il ingurgite. Sauf qu'à la différence du gros il est très vite rassasié, et qu'après un énorme sandwich pain-beurre-bordeaux il peut se passer de manger jusqu'au lendemain. Pas nous, les ronds. Ou alors on repart en flèche vers les cimes enivrantes des cent kilos. Et puis il n'y a pas que ça de troublant, chez les maigres de nature : je trouve qu'ils se nourrissent comme des sales gosses ou des petits vieux, rien que des cochonneries sucrées. Des fraises qui laissent la langue rouge pendant deux heures, des Mars, des Bounty, des bonbons à tout et n'importe quoi. Du Coca-Cola, plein, toute la journée. En plus, je ne sais pas comment ils font, mais ils sont toujours les premiers à découvrir les trucs *light*, donc il y a bien cinq ans que le Coke ne les fait plus grossir.

De toute façon, rien ne les fait jamais grossir. Et puis ils ont des stratagèmes pour en faire encore plus. Par exemple, avez-vous déjà remarqué pourquoi, au bureau, on ne les voit jamais pendant l'heure du déjeuner ? Pourquoi ils disparaissent avec un gros sac plastique pour je ne sais où ? Eh bien ils vont dans une salle de sport suer comme des malades sur des machines infernales, essayer de se dessiner un corps de Schwarzy qu'ils n'auront jamais. Si on ne donne pas des sucres lents à la bête, elle ne peut pas faire de miracle non plus. Donc ça reste des crevettes, c'est tout. Il leur faudrait le beurre et l'argent du beurre, en plus !

Alors de rage – parce qu'ils sont très goinfres, les maigres – ils se jettent sur le premier vendeur de panini venu, ils encaissent des tonnes de graisses saturées et ils partent rassérénés au bureau où tout le monde s'émerveille devant leur ligne parfaite.

Foutaise ! Mes pauvres maigres naturels, vous êtes logés à la même enseigne que nous. Si ce n'est pas pire. Parce que, en général, vous êtes de grands nerveux, vous fumez comme des soupières et risquez l'infarctus très jeunes. Et ce n'est pas tout. Rira bien qui rira le dernier. J'aimerais voir le résultat de vos prises de sang, à tous. Pourquoi seriez-vous à l'abri du cholestérol, avec vos verres de rouge et vos tartines de saucisson de montagne ? Je pourrais volontiers continuer à vous alarmer avec plus tard l'arrivée de l'urée, des triglycérides et autres gamma GT. Enfin, les gamma GT, c'est pour ceux qui ont un sérieux penchant pour la boutenche. Mais quoi qu'il en soit, maigres naturellement, vous n'êtes rien d'autre que des gros qui s'ignorent !

La grande fratrie des maigres, vous savez qu'elle existe autant que celle des gros, sauf qu'on n'y fait pas la même chose. Ensemble ils se tâtent les os, se demandent depuis quand ils n'ont pas mangé, et quand ils arrivent à se souvenir de la date ils hurlent de rire. Ils passent des heures la tête dévissée sur l'étiquette arrière de leurs jeans pour voir si c'est du 36 ou – début de l'horreur – du 38. Auquel cas ils cessent de s'alimenter pendant trois jours. Ils aiment d'ailleurs consommer des drôles de trucs. Règle de base : jamais d'assaisonnement dans rien. Jamais de féculent, ni de plat en sauce, pas de dessert ça colle aux dents et ça fait perdre un temps précieux à la cantine. En revanche, le maigre se gave entre les repas de fraises Haribo, de café sucré, de mille-feuilles de boulangerie « spécial étouffe-chrétien ». Moi, je fais ça, je prends cent kilos.

Il faut que nous nous y fassions, le maigre a des mœurs bien à lui, autant que le Mongol d'Oulan-Bator. C'est un phénomène passionnant à voir évoluer. Par exemple, savez-vous ce qu'ils vous disent le matin, quand ils arrivent au bureau :

– T'as quelle heure à ta montre ?

Moi, toujours interloquée qu'un maigre me demande l'heure, j'en fais des tonnes pour lui dire qu'il est presque 11 h 30.

– T'es sympa, merci. Je me disais justement que je commençais à avoir faim. J'ai oublié de dîner, hier, après l'émission, et là je me lève... alors bon, je vais m'acheter un sandwich pour tout à l'heure.

Je ne vous le fais pas nominatif, parce que tous les maigres ont le même discours. Et moi, pendant ce temps, je les regarde avec mes gros yeux de veau médusé, me demandant comment ils font pour arriver à vivre avec un si petit corps. C'est que depuis ma plus tendre enfance j'ai ma théorie sur la chose. Je pense tout simplement qu'ils ont moins d'organes que moi. Je me dis que dans un volume si étroit, il est impossible que le Bon Dieu leur ait mis un foie, un intestin grêle, un estomac, une rate, une colonne vertébrale et deux reins. Ce dont je suis pratiquement certaine, c'est qu'ils n'ont pas d'intestin. Ou alors réduit à sa plus simple expression, sinon je ne vois pas comment il serait possible qu'ils n'aient pas un minimum de trace de ventre. Cela est essentiellement valable pour les garçons, quoique... Quoique j'aie connu deux ou trois filles qui avaient l'arrogance d'avoir le ventre en supercreux. Heureusement, elles avaient aussi des têtes de thon... Il y a une justice !

Chaque fois que je compare les fesses d'un maigre avec les miennes et que je constate la différence, je me dis que si je ne retourne pas aux bandages glacés du centre trois fois par semaine je vais me mettre à regonfler comme les futurs gros du bureau. Alors une fois de plus je prends mon courage à deux mains et hop ! un rendez-vous pour le lendemain.

Sitôt dans l'antre du centre, l'odeur de camphre et de menthol me monte à la gorge. Vous me direz, rien de nouveau sous le soleil. Si, parce que cette odeur, mélangée à la chaleur et à ma propre fatigue, m'écœure complètement. Je suis à deux doigts de la nausée. Une chose est certaine : je ne pourrai pas macérer dans cette fragrance pendant trente minutes. Je demande juste à Catherine, laquelle s'occupe de moi depuis le départ de Louise (départ qui m'a tant affectée car je ne voulais pas qu'une autre personne sache mon poids ni bande mon grand-gros corps mou), de me peser vite fait et lui explique que, l'odeur m'indisposant affreusement, je ne pourrai pas rester. Elle est formidable, Catherine ! Beaucoup plus cool que Louise en apparence, et en même temps elle remue tout son petit monde très bien, elle aussi.

– Pas de problème, Sonia, montez sur la balance. Parfait, quatre-vingts kilos. C'est fou, ça ! Comment vous faites ? Le plan au pied de la lettre ? Vous n'auriez pas plutôt supprimé le peu qui vous reste ? Prenez garde, Sonia, ne vous carencez pas. J'ai peur que vous ne mangiez plus assez de poisson, de poulet, de fromage blanc, même à vingt pour cent… Et puis écoutez, il faut manger équilibré. Ne cherchez plus à maigrir, stabilisez-vous maintenant. Je vous assure, je viens de vous voir arriver en jean : vous êtes parfaite, alors écoutez-moi !

– Mais enfin, Catherine, je fais un mètre soixante-quinze et je pèse quatre-vingts kilos... C'est dix de trop pour être vraiment mince ! Et puis vous ne savez rien de mon drame. Vous avez vu mes dessous de bras, ma poitrine, mon ventre, mes fesses, toute cette peau en trop qui pend ? Mais qu'est-ce que je vais devenir ? On dirait que j'ai soixante-quinze ans, et encore les mémés de soixante-quinze ans sont bien mieux conservées que moi !

– Oui et non... Faut pas exagérer !

– Catherine : avec moi, vous le savez, pas de flatterie, rien que la vérité ; alors je vous le demande, à part la chirurgie, qu'est-ce que je peux faire ?

– On va commencer par de la kiné, palpé-roulé[1] deux fois par semaine et une séance de décontraction, puis on verra s'il faut aller plus loin.

Je pars du centre décidée à sauter de joie comme un cabri sur les Champs-Élysées tout en ayant une furieuse envie de me jeter dans la Seine. Parce que c'est vrai que d'un côté j'ai perdu cinquante kilos, mais de l'autre qu'est-ce que je suis devenue, si ce n'est une grosse baudruche crevée, une masse flasque et inerte de peau que je dois toujours traîner avec moi ?

Mauvais jour, le désespoir est là, pas loin. Y aura-

1. Le palpé-roulé est un massage qui décolle les graisses résistantes, un massage extrêmement douloureux dont vous ressortez souvent couverte de bleus.

t-il jamais un garçon qui supportera de me voir comme ça ? Même mon bonhomme m'a signifié que cette bouée molle autour du bide et ces fesses en goutte d'huile n'inspiraient pas forcément la passion...

Bon, aujourd'hui si on me cherche on me trouve, c'est moi qui vous le dis.

Comme je suis résolument une énergique-pessimiste, c'est-à-dire « quelqu'un qui aimerait penser que tout est fichu d'avance si on lui laissait le temps de penser, mais comme ça n'arrive jamais on continue de faire aller la machine vaille que vaille », je ne me jette pas encore cette fois-ci dans la Seine, bien au contraire je me prends à courir après un taxi pour aller travailler tout en me regardant filer de profil dans les vitrines des magasins de la plus belle avenue du monde. Voilà encore une chose qui ne m'était jamais arrivée : je ne me reconnais plus. Je suis obligée de ralentir le pas puis de stopper net pour être certaine que c'est bien Sonia Dubois que je vois dans le reflet des vitrines de chez Guerlain. Mais oui c'est elle, enfin c'est moi. Ça alors, c'est le comble. Cette sorte de grande chose aux longs bras minces, et surtout avec des jambes... enfin, autre chose que des saucisses de Morteaux boudinées dans un jean forcément trop juste, ça irait presque jusqu'à me plaire complètement si je n'avais perpétuellement peur que la peau de mon ancien double menton ne me transforme un jour ou l'autre en vieux dindon. À part cette fameuse et obsédante excroissance ventrale qui me laisse toujours un goût de « faut absolument que je fasse encore attention », le reste est bien ! Et quel pied !

Je me remets à courir sans même plus savoir après quoi. Je cours. Peut-être le fait de remonter les Champs-Élysées de cette façon ne m'est-il jamais arrivé de ma vie ? Je n'ai plus besoin de prendre mon élan pour franchir ne serait-ce qu'un pas. Je me déplace vite et avec allégresse, sans même y penser. Lorsque j'attaque des escaliers, je n'envisage plus en premier lieu de savoir où se trouve l'ascenseur, ni où je pourrais m'arrêter pour reprendre mon souffle. Non. Je pose mes mains sur mes bretelles de sac à dos et enfourche les marches deux à deux, voire trois par trois, allant même jusqu'à concourir à « qui ira le plus vite » avec Raphaël. Pensez-vous que j'arrive essoufflée en haut pour autant ? Pas du tout ! Je ne dégouline plus du front ni des dessous de bras, je ne suffoque plus comme une asthmatique, je n'ai plus besoin de cinq litres d'eau pour me réhydrater à chaque étage. Je ne sens plus le sang me battre dans les tempes et les jambes, ni mes cheveux se graisser sous l'effort. Bref, je ne me comporte plus comme une handicapée motrice. Je monte les escaliers et vais tout de suite après m'asseoir à mon bureau. Comme tout le monde. Comme tous les gens de mon âge.

C'est la première fois de ma vie que j'ai rattrapé mon âge véritable. D'abord grâce aux vêtements que je peux désormais porter, ensuite et surtout grâce à mon endurance, qui s'est considérablement accrue. Les premières performances physiques qui m'ont permis de comprendre que j'étais définitivement sortie de l'état d'obésité, je les ai réalisées en février dernier lorsque que je me suis mise au karting et au mime le temps d'une émission. Depuis lors, je sais qu'un jour plus rien ne me résistera si je reste dans le droit chemin, comme dirait ma petite voix. J'ai toujours continué à foncer tête baissée vers le poids idéal, disons plutôt *mon* poids idéal, et j'y suis, la preuve, je ne me reconnais plus. Troublant, tout de même, de voir passer quelque chose de long et d'énergique dans la rue, et seulement après réflexion de se dire que ça pourrait être soi.

Parfois ça me terrifie. J'ai peur de me perdre, tout simplement. D'être quelqu'un de tellement différent de celle que j'ai toujours été que je ne m'y retrouverais pas, aussi bien physiquement que sentimentalement. Je sais, ce que je vous explique là peut vous paraître un peu guimauve à première vue, sauf que vous m'imaginez, la trentaine et le cheveu déjà blanc par endroits, en train de minauder avec un jeune truc de vingt ans comme une minette énamourée ? Mais quelle horreur ! Moi qui ai toujours prôné l'amour et la passion uniquement intellectualisés (et pour cause...), m'imaginez-vous en train d'embrassouiller un garçon entre deux portes, comme ça, à la va-vite ? Je n'invente rien, ce sont des trucs de mince que j'ai toujours vu faire et qui finalement ne doivent pas si mal leur réussir. Je les ai vues, les minces, surtout à l'âge où j'avais le temps de les regarder : parce qu'elles étaient les stars des boums et que moi j'étais grosse comme la lune. Oui, je sais, me voilà repartie dans mon éternelle complainte de la grosse « qu'on laisse dans son coin tant qu'elle n'aura pas fait un effort pour maigrir ». C'est mon côté pasionaria qui remonte encore à la surface de temps en temps. Après ça passe, je ne pense qu'au présent et à un avenir toujours plus *light*.

En parlant d'escaliers à grimper, me voilà devant ceux du bureau... Et qui c'est qui se tient devant avec ses deux grands yeux-lacs, que s'il continue encore trois secondes à me regarder je me noie ? Je fais la fille qui n'en a rien à foutre et qui n'a même pas vu qu'il avait des yeux. Je lui tape fraternellement le flanc pour qu'on grimpe les marches ensemble. Il sourit, je le plante. Il me regarde me lancer mes petits défis quotidiens sans trop bien comprendre. Sauf que le faire détaler, lui, quatre à quatre à 10 heures du matin, autant le faire souffler dans un tuba ! Je pense qu'il ira jusqu'à rire en me voyant me livrer à des exercices comme celui-ci, ou celui qui consiste à m'assouplir les jambes l'après-midi à la rambarde du même escalier.

Comme d'habitude, maintenant, j'arrive à mon bureau en face de Raphaël, lequel relève le nez et les lunettes qui vivent dessus avant de me lancer comme chaque jour :

– Alors en combien de temps, cet Everest du PAF, aujourd'hui ?

– Euh... Raph', il m'arrive un truc pas cool, aujourd'hui. Vraiment bizarre. D'habitude je grimpe l'escalier sans problème, et là j'ai le cœur qui s'emballe comme un vieux moteur de dedeuche. L'estomac me fait un mal de chien, j'ai les jambes remplies de sang de navet et surtout la tête vide, mais vide…

– Ah, ça ce n'est rien, Sonia… C'est l'air de grippouille qui traîne dans la maison et dans tout Paris depuis cinq jours. Vous voulez voir mon tiroir ? Il est plein de pastilles et d'aspirine. Servez-vous, et surtout remettez un franc là où vous laisserez vacante la place d'un Aspro. Vous savez, c'est toujours la même histoire, rapport au prix qu'on me paie mes piges…

Normalement, il n'aurait pas dû finir sa rengaine sur le prix de ses piges, mon Raph', parce que selon mon humeur soit j'éclate de rire et lui termine en pouffant, soit si je suis contrariée je lui fais remarquer que pour ce qu'il fait il est scandaleusement payé grâce aux redevances ponctionnées sur d'honnêtes gens… ce qui entraîne forcément nos plus belles joutes oratoires juste après.

Là rien. Le bruit du vide. Mais qu'est-ce qui m'arrive ? Et mon cœur qui continue à battre la chamade ! Un truc m'échappe et ce n'est pas fait pour me rassurer. Il faut que je me lève, que j'aille vérifier s'ils ne m'ont pas changé la hauteur des marches cette nuit, si à force de vouloir battre mes propres records je ne suis pas montée trop vite.

Je redescends au rez-de-chaussée, remonte, commence à attendre qu'on glousse autour de moi. Ça va, je n'ai rien perdu comme temps entre deux marches, j'ai juste l'impression d'avoir le palpitant qui a quadruplé de volume sans savoir pourquoi.

Qu'est-ce que j'ai, bon sang, mais qu'est-ce que j'ai ?

Évidemment, avec tout ça, lorsque je m'assieds à ma place la sueur perle à mon front.

– Oh la la, mais ça ne s'arrange pas, vous ! Allez, dites à votre Raphaël ce qui vous ferait plaisir ?

Ce qui me ferait plaisir ? Non, je ne vois pas. Je ne sens plus rien, je n'entends plus rien. À partir de maintenant je veux devenir maigre, je ne veux plus absorber quoi que ce soit qui m'éloigne du but. Je veux être comme François, toute pareille que lui. Et ce n'est pas du tout cuit !

– Raph', je vous assure, je n'ai ni envie ni besoin de rien. Ou plutôt si : de rire, alors là si vous aviez une petite blague bien débile de derrière les fagots à me raconter, ça me détendrait. Parce que vous voyez, j'ai comme deux haltères de trois tonnes de chaque côté des poumons, et ça me gêne pour respirer, vous ne pouvez pas imaginer.

– Mais si, j'imagine ! C'est une bonne vieille bronchite que vous nous faites là. Avec votre marotte de venir travailler à vélo, ça devait arriver. Bon, alors c'est l'histoire d'un mec qui est manchot et qui est en train de...

Raphaël se lève, mime toute la scène comme s'il était lui-même le manchot, tout le bureau retient son souffle en attendant la chute et finit écroulé de rire sur les deux tables qui jouxtent la nôtre. Tout le monde se gondole, sauf qui ? Sauf moi.

Là, ça ne peut plus durer. Si je ne prends pas le taureau par les cornes, je ne finirai pas la journée. L'anxiété me gagne tellement que je n'ose même plus en reparler à Raphaël. Je me relève, pars m'isoler dans le hall, reviens, farfouille vaguement dans quelques papiers que je dois régler au plus vite. J'annule mon déjeuner avec ma camarade attachée de presse (il n'y a qu'elle pour vous faire chaque semaine un digest des potins parisiens sans lesquels vous n'êtes rien), je fume cinq Marlboro en même temps et elles se consument les unes sur les autres dans le cendrier.

Navrante, je suis navrante, et le spectacle que j'offre est encore plus désolant. Quelle heure est-il, avec tout ça ? 15 heures : 3 heures de l'après-midi et je ne sais pas ma rubrique. Je n'ai même pas mangé : je ne le veux plus. Je ne le peux plus tellement mes « haltères » me pèsent sur l'estomac. Je me bouche les oreilles et essaie d'entendre ma petite voix. Rien. Aux abonnés absents qu'elle s'est mise, la garce : elle me laisse toute seule avec mon vrai, mon épouvantable mal de vivre. Salope !

Ah si, on dirait que je l'entends enfin, mais très bizarrement, comme si je recevais RTL et Europe 1 en même temps !

« Demande à Raphaël s'il est prêt pour partir tout de suite au studio, vous iriez ensemble. Va voir dans la glace du couloir comment t'es de profil, si c'est possible que tu montres ton ventre moulé dans ton 501 ou pas, s'il faut enlever un cran de ceinturon ou non, ou bien s'il faut que tu laisses pendre ta chemise en jean au-dessus, genre trompe-l'œil, mais vraiment que l'œil… »

Comment ça ? Ma petite voix, la gardienne de ma raison, la pasionaria de ma moralité qui me demande d'aller regarder si je suis assez mince pour me balader dans le studio l'air faussement nonchalant et les mains enfoncées dans mes poches revolver ? Ce n'est pas possible, ils m'ont foutu des ecstasy dans mes carottes râpées d'hier midi ! Tiens, eh bien je vais justement y aller, au studio, ça me changera d'air et ça calmera mes palpitations. Si en plus ça pouvait m'enlever le poids que j'ai sur l'estomac, ce serait le bonheur total !

Pensez-vous... une fois à Saint-Ouen avec mon camarade Raphaël, mon malaise redouble. Je suis comme une libellule qu'on aurait plongée dans le LSD. J'ouvre ma loge, pose mes affaires et cours au maquillage. Trouvant l'attente trop longue je file chez la coiffeuse, remonte sur le plateau encore désert et hume l'atmosphère qui se dégage de cet endroit. Normalement c'est le meilleur moment de ma journée. J'adore regarder les décors vides, vérifier que les gros pieds des caméras Vinten sont bien à leur place, lever le nez et regarder les énormes projecteurs qui s'allumeront bientôt. Et puis surtout, je m'assieds dans un fauteuil encore vacant, n'importe où dans le public, je respire à fond plusieurs fois et repars gonflée des ondes que libère ce lieu magique.

Mais aujourd'hui, je regarde l'immense espace avec une sensation de perdition totale. Qu'est-ce que je peux bien chercher ici qui n'y est pas ? Quelle sorte de réponse à quel souci pourrais-je trouver dans cet espace inanimé ? Je regarde les rangées de lumières au plafond, baguenaude de-ci de-là et m'en vais sans réponse, en me retournant plusieurs fois au cas où m'apparaîtrait ce qui me manque depuis ce matin et que je n'arrive pas à définir.

Je redescends au make-up. Ça, normalement, ça devrait me calmer. On y va, ma petite copine maquilleuse et moi, essayant d'avoir du cœur à l'ouvrage et de faire un visage très coloré, avec une grosse bouche pleine de gloss, enfin très années soixante-dix, quoi. Pas mal du tout. Mon moral remonte en flèche d'un coup sec. Je file « à la coiffure », on remet de l'ordre dans ma coupe de garçonne et range mes guiches avec art. J'ai au moins récupéré une tête présentable, à défaut du reste ! J'enfile maintenant mon blazer marine rayé tennis, mon tee-shirt blanc, mon jean et mes baskets. Me voilà fin prête.

Un drôle de truc qui me prend quand je me déshabille et me rhabille dans ma loge, c'est de laisser ma porte ouverte. J'ai toujours fait ça, peut-être par défi, peut-être pour que les autres me voient comme je suis et que ça inhibe les vieux démons qui me dévorent. Je me dis que si les autres se disent « elle assure, cette fille-là, finalement », j'assurerai réellement. Bref, la bonne vieille méthode qui consiste à montrer que « tout va bien, pourquoi, y a un problème ? »…

Je finis de lacer ma boucle de basket blanche quand j'aperçois une ombre en relevant le nez. C'est François. Depuis combien de temps est-il là ? M'a-t-il vue en soutif et petite culotte, la chaussette tire-bouchonnant sur la cheville et l'épilation qui date sous les bras ?

Dans le doute, je suis mortifiée. Extrêmement vexée de ne pas l'avoir aperçu avant.

– Qu'est-ce que tu fais là, toi, qu'est-ce que tu veux ?

Oh la la, surtout que je ne rajoute pas un mot, je tremble comme une feuille. Ma voix part en vrille et les « haltères » que j'ai sur la poitrine depuis ce matin me perforent l'estomac.

– Rien, je voulais juste te dire que c'est bientôt l'heure, m'assurer que tout va bien pour toi, et te dire que je venais te chercher dans cinq à dix minutes. Voilà, c'est tout. C'est quoi, ta rubrique, aujourd'hui ?

Je marmonne vaguement quelque chose.

– Ah... Bon. Alors à tout à l'heure.

Cette voix, mais cette voix qu'il a ! Parce que monsieur ne se contente pas d'avoir une paire de jambes à faire pâlir Cindy Crawford et des yeux comme des lacs de montagne : il a la cerise sur un gâteau déjà bien riche, cette espèce d'organe vocal angélique !

Trop c'est trop, et il faudrait que j'aille bien, que je me détende, que je sois « bonne » quand j'assiste, impuissante, à l'évolution de cette « chose » des heures durant devant mes yeux. Je remonte toute seule de ma loge jusqu'au plateau. Car je n'ai pas besoin qu'il vienne me chercher, et encore moins envie de le voir. Mon souffle est de plus en plus court. Je vais tomber dans les pommes, je le sens... Faut que je trouve Raphaël tout de suite, que je lui explique ce qui m'arrive, il va en rire et moi aussi, on aura crevé l'abcès et tout rentrera dans l'ordre. Mais d'abord contourner le plateau en passant par la déco et en escaladant les vieux accessoires pour ne pas tomber sur lui, sur « *the thing* ». Arriver jusqu'au bureau de Raphaël très vite et sans me prendre trois tonnes de poussière dans les rebuts de décors.

Nous y sommes.

– Eh bien voilà notre Sonia toute prête ! C'est que ça vous va, le blazer, vous savez ? Ah si, si, sur vous le classique ce n'est pas mal du tout, finalement. Surtout cette veste très structurée. Vous savez que vous allez tous les tomber, avec ça ?

– Vous êtes certain que ça ne fait pas trop gros, là, la double épaisseur de tissu autour des hanches ?

– Mais non, pas du tout. D'ailleurs ne vous bilez pas, de toute manière vous êtes assise. Et puis je trouve que ça vous donne une allure jeune et dynamique. Il y a un moment que je voulais vous le dire : je vous trouve très tonique, en ce moment, on dirait une luciole qui rebondit dans tous les sens ! Énergique comme fi-fille ! Ça, Sonia, c'est le bienfait essentiel du régime. Il vous a redonné une de ces pêches, vous faites plaisir à voir ! Mais qu'est-ce que vous refumez : c'est nettement moins bien, ça, et pourquoi ça vous a repris d'un coup, cette affaire ?

– Dites-moi, Raph', vous vous souvenez de *Mort à Venise*, le film de…

– Si je me souviens ? Ce vieux dingue qui court après un petit garçon autour d'une rangée de parasols pendant deux heures en évitant les capelines des bourgeoises venues prendre un bain de pieds ? Quelle niaiserie, ce truc ! Ah non, pas vous, Sonia ! Vous n'allez pas me dire que ça vous plaît ? Ah là d'un coup je vous trouve pétasse, tiens, comme toutes les autres gonzesses. C'est d'ailleurs ça, le problème de ce film. Ce n'est pas fait pour les homosexuels, comme on pourrait le croire, c'est un film culte pour pétasses.

– Merci, Raph'... Je ne vous demandais pas de me jouer les Claude-Jean Philippe du dimanche mais juste si vous vous souveniez du visage de cet adolescent : Tadzio. Il avait la beauté des anges. C'est merveilleux, cet âge qui n'est plus l'enfance, pas encore l'adolescence, mais une espèce de halo béni des dieux entre deux étapes de la vie. Voyez, Raph' : moi, à la place de Dirk Bogarde, je lui aurais dit clairement que je l'aimais, je l'aurais harcelé mais pas plaqué derrière une grosse colonne de marbre de l'*Hôtel des Bains* du Lido. Ça non, c'est laid. Je me serais assise en face de lui et lui aurais dit la chance qu'il a d'être né avec toutes les fées penchées sur son berceau. Comprenez, Raph'. La beauté c'est tellement insupportable que quand vous la voyez il faut partir très vite, très loin, sinon vous êtes cuit. Et croyez-le, ça fait mal, il y a même des fois où l'on ne s'en remet pas.

– Ah... Mais c'est beaucoup plus grave que je ne le pensais, votre état. Qu'est-ce qui vous arrive ? Vous me faites marcher, c'est pour votre rubrique de demain : « N'ayez pas honte d'être romantique » ? Alors là je dis bravo ! Texte impec, trémolos dans la voix imbattables.

– Non, Raph', ce n'est pas pour demain... Quand

je vous dis que j'ai un truc qui s'est enrayé dans ma tête, c'est vrai. Comment je vais m'en sortir, sais pas. Mais pas du tout...

– Moi si : vous vous en sortirez en courant avec vos petites fiches jusqu'au plateau et en nous enlevant votre rubrique façon rodéo comme d'hab'. Allez-y, je finis une bricole et je vous suis. Et ne vous prenez pas pour Dirk Bogarde dans les escaliers !

Pourquoi lui ai-je parlé de ça ? C'est nul. Je suis une grosse nulle. Je ne suis pas ici pour laisser passer mes états d'âme avant mon métier. Je me le suis juré en février : tout mon travail doit désormais tendre à la perfection. Et là je suis en train de me répandre, de me liquéfier dans le bureau de mon assistant. C'est minable, tiens. Sauf que je ne rêve pas quand je sens ce poids que j'ai sur l'estomac, ma vue qui se brouille (comme pour mieux me protéger de certaines visions fatales), mon cœur qui s'emballe, mes nerfs qui dansent la samba et mon sang qui ne fait pas qu'un tour, malheureusement !

Et puis que faire ? Moi, Sonia Dubois, moins cinquante kilos et trente ans, je vais aller crier sur tous les toits qu'en ce moment faut pas m'ennuyer, pas me causer parce que j'observe. Une chose qui bouge. Qui respire. Qui dort. Qui mange (peut-être, mais ça je n'aime pas trop imaginer). Une chose si belle qu'elle me prend tout mon temps, que je ne veux rater aucun de ses mouvements ni aucun de ses sons. Si je dis ça à mes petits camarades de travail, il y a de fortes chances pour qu'ils se mettent à penser que mon régime ne me réussit plus du tout, qu'il est temps que j'arrête avant de franchir les limites du supportable. Il va même y en avoir pour trouver que je me suis carencée en calcium, fer ou magnésium... (Qu'est-ce qu'on ferait si on n'avait pas le manque de magnésium comme excuse quand on déprime sec ? On l'inventerait, pardi !) Et puis il y en aurait d'autres, plus pervers, qui ne comprendraient pas pourquoi après un tel effort pour devenir « si jolie » je replonge dans un état de léthargie totale.

Et si mon régime ne m'apportait pas les joies auxquelles je pensais pouvoir enfin prétendre ? Là est la vraie question. Parce que, en gros, qu'est-ce qui m'arrive ? Je regarde un garçon de sept ans mon cadet (c'est pas un détournement de mineur non plus) avec le glamour d'un kilo de fromage blanc, sans rien oser lui dire. Comme avant, comme quand je pesais cinquante kilos de plus. Alors ça sert à quoi, que je me sois décarcassée ? À rien. Mes inhibitions ont encore grandi. Je ne me dis plus que je suis grosse, je me dis que je suis vieille et que ça se voit. Que j'ai des cheveux blancs. Que quand je souris j'ai des rides au coin des yeux, sur le front, et sur les joues carrément des rigoles qui se forment. Que je confonds Kurt Cobain et Johnny Deep, que je ne fume pas de pétard, que j'ai un bel appartement avec un gentil mari dedans, que le tout est bien rangé, ordonné et que ça ne risque pas de bouger de place avec le caractère assez « rigide » que j'ai.

Bon sang, mais c'est bien sûr ! J'ai un mari, un bonhomme qui depuis dix ans a tout vu. À qui j'ai tout fait subir : cinq ans d'études de philo un rien stériles, des petits boulots mal payés qui m'anéantissaient à vue d'œil, puis « LA » rencontre avec une photographe de *Glamour* et le reste, de Christine Bravo à Gérard Holtz en passant par Christophe Dechavanne. Les hauts et les bas d'un métier pour lequel je respire, qui m'a fait prendre trente kilos de plus en un an, devenir « babelesque ». C'est qu'il lui a fallu dormir avec son gros cachalot à côté de lui, à mon homme ! Et il a bien dû continuer à me sortir cachée dans des robes scaphandres, pour que surtout on ne voie pas ce que je voulais dissimuler. C'est lui aussi qui était là pour partager mes « petits déjeuners-goûters-dîners » qui duraient de 8 heures du matin à minuit. Et puis qui c'est qui a dû se mettre au bouillon de poireau les jours où je ne supportais pas de le voir manger « normalement » ? C'est toujours lui : mon bonhomme. Sans parler des sautes d'humeur dues à ma « surcharge pondérale », les après-midi entiers passés à trouver un jean ou n'importe quoi où je pouvais entrer pour que ça me redonne confiance en moi. Non, faut être honnête, c'est le gars qui a tout subi, tout supporté avec une patience qui confine à la dévotion.

« Mais parce qu'il t'aime et que tu ne le vois pas ! Tu pars chercher ailleurs moins bien que ce que tu as chez toi. Qu'est-ce que tu veux te prouver : qu'avec tes cuisses de mouche et ton petit menton mutin tu peux t'en faire d'autres, des mecs, des plus jeunes et des plus beaux ? Eh bien vas-y : regarde, la porte est grande ouverte. Plante-toi bien. Peut-être alors comprendras-tu que tu as maigri pour toi, rien que pour toi, entièrement pour toi, parce que ton corps c'était un problème à régler entre toi et toi et pas avec tous les garçons de l'univers et de sa banlieue… Et si tu ne veux pas l'entendre rapidement il va t'arriver de gros soucis, parce que pour tomber amoureux il faut être deux, et que c'est une alchimie bizarre dont personne n'a la recette. C'est le contraire d'un fantasme : la langue de l'un dans la bouche de l'autre, crois-moi, c'est une vraie réalité. Alors reviens sur terre. Pense à ton bonhomme, à son honnêteté, et continue à t'appliquer dans ton travail comme dans la stabilisation de ton poids, juste pour ton contentement personnel. Et puis d'ailleurs tu l'as dit, tu n'es pas amoureuse : tu es fascinée par le côté maigre de Fanfan… tasme ! »

Ça y est la revoilà, la petite voix ! Et puis, vous avez entendu comme moi, cette fois elle me fait le grand jeu. Le cours magistral de morale avec « de la valeur de ton bonhomme dans tout ça ». Difficile à entendre, surtout quand c'est complètement vrai. Alors je reprends mes bonnes vieilles mauvaises habitudes et décide de ne plus l'écouter pour le moment. Je ne veux en faire qu'à ma guise, et si j'ai envie d'attendre l'impossible je l'attendrai. J'ai mis toutes les chances de mon côté pour réussir mon aventure, alors pour la première fois de ma vie ça va marcher, puisque je n'entreprends plus que des choses vouées à la réussite. Je vais me payer le luxe d'avoir une petite liaison extraconjugale, comme toutes les autres. Toutes mes copines de bureau qui gèrent ce genre d'aventure, leur mariage, l'éducation de leurs enfants et leur consommation de Contrex avec maestria. Je suis enfin comme elles jusqu'au bout des ongles. Même sentimentalement, je m'aperçois que je suis fabriquée comme tout le monde. Mais est-ce vraiment ce que je souhaite, une petite aventure sordide avec un mec que je ne connais pas, qui ne sait pas qui je suis, et qui d'ailleurs s'en fout probablement ? Alors pourquoi ne puis-je me défaire de ce sentiment de ratage complet de mon entreprise de maigritude si je n'arrive pas à sortir avec lui ? Il faut que j'analyse sereinement la situation ; je dois pouvoir y arriver sans avoir recours à ma perpétuelle petite voix.

Pour me concentrer sur mon cas à la dérive, je m'allonge comme à l'accoutumée sur mon canapé. Je rentre si fort le ventre et l'estomac que je peux me compter les côtes. Me compter les côtes ! Je passe et repasse mes doigts le long de mes os. Je n'arrive pas à réaliser que mon rêve est devenu réalité.

Bon, alors maintenant que j'ai bien senti que j'étais mince, réfléchissons. Pourquoi vouloir à tout prix me fourvoyer dans cette histoire, au risque de me rendre ridicule devant mes petits camarades ? Parce qu'en ayant maigri, j'ai enfin l'âge de mon corps. Pour la première fois de ma vie il y a adéquation entre mes sentiments (même s'ils m'égarent un peu), ma tête – donc ce qu'elle me permet de penser – et mon apparence. Je ne suis plus en perpétuel décalage entre les petites bluettes que je me racontais et ce que j'étais obligée de vivre à cause de ma masse trop importante. Je m'explique : il y a un an, quand je rencontrais le même genre d'ange diabolique, entre constater son immense beauté, me dire que je me le ferais bien et le lui montrer, il y avait un océan à côté duquel le Pacifique semble moins large que la Risle (un cours d'eau normand). Et bien entendu j'étouffais mon chagrin dans les Laura Todt (excellents cookies au chocolat et peanuts faits main). Tandis que cette année, fière de mon 42 fillette, de mon cou redessiné et de mes jambes galbées, je peux dire tout haut ce que j'ai toujours voulu dire aux mecs sans oser le faire !

– V –

JE M'AIGRIS À VUE D'ŒIL…

Mi-juin

J'ai perdu neuf kilos en l'espace de trois semaines, juste histoire de voir comment on peut vivre quand on est maigre. Mais je ne suis toujours pas arrivée à savoir comment on vit en maigritude, et me voilà en train de tomber gravement malade. Deux fois par jour, Séraphin mon camarade de jeux d'enfance, un toubib bien gras (pas celui des Abbesses, un autre), vient me piquer le bras pour essayer d'endiguer mes crises de spasmophilie. Seulement voilà, je n'ai pas envie d'aller mieux...

Perpétuellement allongée, je me sens de plus en plus faible, dans un état proche de ceux à qui on donne de la morphine en dernier recours. Et je trouve ça très bon. C'est comme une petite mort lente et consciente.

Car je n'ai plus la force de rien faire. À peine essayé-je de me lever que je souffre de vertiges épouvantables qui me reclouent sur mon canapé, juste à côté du téléphone.

Pourquoi ne sonne-t-il pas, d'ailleurs ? Pourquoi Fanfan ne m'appelle-t-il pas ? Tout simplement parce qu'il n'a ni mon téléphone ni mon adresse : deux raisons amplement suffisantes. Et moi, alors, pourquoi je ne l'appelle pas ? Parce que je ne sais même pas son nom… Alors c'est également une raison suffisante pour rester impuissante devant les jours qui passent. D'ailleurs ils passent tellement vite que bientôt ce sera le dernier enregistrement de l'émission, l'ultime fois que je le verrai, et cela, ça ne se peut pas. Je ne veux pas que ça arrive : je me battrai contre tout, même contre le temps, et il ne m'en reste que très peu.

Il faut d'urgence que je me change les idées. Je suis en train de péter les plombs. Au point que je crains de me remettre à manger aussi fort et violemment que j'ai arrêté de le faire.

Je passe au centre, vois Catherine, qui me trouve une mine excellente, une taille de guêpe et une espèce de petite flamme dans le regard qui la rend folle de joie. Pensez, elle croit avoir réussi l'exploit du siècle : me faire maigrir et s'arranger pour que je le vive bien. Laissons-la à sa magnifique illusion qui, après tout, m'abuse aussi. Elle note mon poids sur ma fiche de soins et juge inutile – vu ma récente perte de kilos – de m'infliger un nouveau palpé-roulé pour dissoudre la graisse par les doigts. D'abord parce que c'est une vraie torture, ensuite et surtout parce que nous avons attaqué le processus de stabilisation. Donc il n'y a plus de soin spécifique à me donner, si ce n'est de la kiné une fois par semaine et une vérification régulière sur la balance.

Je le sais bien, que je n'ai plus besoin de rien… Du

moins pour maigrir. Pour le reste j'ai quinze ans. Car il y a dix-sept ans que j'attends d'avoir quinze ans. Alors maintenant, c'est moi qui vous le dis, je vais les vivre à fond, mes quinze balais ! Pour commencer, à la récré, je vais rouler des pelles à Fanfan. Après on ira se gaver d'orangeade au bistrot du coin en se racontant des saloperies sur nos collègues de bureau...

En attendant je remets mes Converse rouges aux pieds, envoie un baiser de la main à Catherine et retourne non pas à mon canapé mais à mon travail.

Il n'y a pas que Catherine pour trouver que j'ai une mine terrible : tous les gens du boulot sont d'accord pour dire que j'ai vraiment l'air très en forme, que je suis de plus en plus élancée et qu'ils sont ravis pour moi, « pourvu que je ne craque pas ».

Mon Raph' m'attend avec une montagne de courrier. Pour l'essentiel, il s'agit de jeunes femmes qui aimeraient maigrir. Elles me demandent conseil et me témoignent leur affection, que j'espère leur rendre au centuple. Car je réponds à toutes, je m'en suis fait une règle d'or.

Ainsi, aux candidates à l'amincissement, je précise que maigrir est d'abord une question de déclic. Un déclic qui se produit quand on ne peut plus se supporter au point de ne pas se regarder en faisant sa toilette. Ça, c'est le premier constat à faire. Dans un second temps, comme de grands drogués, il faut comprendre et admettre que chaque jour d'abstinence respectée est une victoire remportée sur soi comme sur le temps qui passe. Et pour finir – c'est peut-être là le plus dur – il convient de prendre conscience que l'on ne se regavera jamais plus, même pas pour rire une fois de temps en temps comme les autres.

Je sais, j'en ai découragé beaucoup en disant ça ; mais si j'ai réussi à aider une seule personne dans le besoin, alors mon régime aura été bien plus qu'une réussite personnelle.

Mon courrier terminé, je me demande s'il n'y a rien d'autre à se mettre sous la dent, puis m'enquiers de ces nouvelles brèves qui alimentent toutes les conversations dont on fait généralement ses choux gras dans les couloirs et les escaliers.

Dans le genre, Raphaël va en faire des tonnes :

– Bien sûr, Sonia, qu'il y a du neuf ! D'ailleurs, depuis que vous me bassinez avec, ça devrait vous faire plaisir... Toute la maison est au courant de votre folle passion pour notre Fanfan national. Attendez, qu'est-ce qu'on m'a raconté à ce propos ? Ah oui, que vous lui auriez trouvé des boulots pour tout l'été ! Mannequin, et puis encore plus fort : assistant de plateau sur un long métrage réalisé par l'un de vos copains. Est-ce que c'est vrai, ou est-ce que ça relève du droit de cuissage ? Notez que si je vous dis ça, c'est seulement histoire de causer ! Parce que vous êtes toutes les mêmes, dans ce métier : les petits jeunes, y a rien à faire, ça vous branche...

Ce qui devait arriver depuis une bonne quinzaine de jours se produit enfin, et sur le moment ça me fait l'effet d'une sorte de catharsis. J'éclate en sanglots, puis me reprends tout aussitôt : inutile de se donner une fois de plus en spectacle !

– Mon cher Raph', pourrions-nous déjeuner ensemble à midi, s'il vous plaît ? J'ai besoin de vous expliquer certaines choses sérieusement...

– D'accord, mais arrêtez de renifler et mouchez-vous, sinon je vais aussi me mettre à pleurer... Peut-être même de rire, car vous ressemblez à un clown, maintenant, avec votre gros nez rouge !

Sur ce, Fanfan, comme tous les jours, vient à passer dans notre bureau. Il n'a pas de bureau personnel, alors il se pose çà et là. Et c'est vrai que, même s'il ne m'appelle pas pour m'inviter à prendre un verre, je me suis débrouillée pour lui trouver du boulot à la suite de nos conversations « professionnelles ». Et après ?

Sa dégaine ressemble à sa vie. Pas d'ici, pas d'ailleurs, ni même de nulle part. Et cet affreux pressentiment quand je le vois, lorsque ma petite voix ne peut s'empêcher de me dire qu'on ne peut pas vivre longtemps une pareille errance, qu'à vingt-cinq ans tout ça, la dérive, c'est fini. Je ne vous dis pas l'angoisse !

Il s'assied à côté de moi. Nous parlons de tout et de rien, car en fait nous n'avons jamais rien à nous dire si ce n'est pour partager notre amour immodéré du cinéma. Surtout celui de Buñuel, mais aussi celui de Tarantino. Alors quand je sens qu'il va rester longtemps à côté de moi, je lui parle de Dino Risi ou d'*Affreux, sales et méchants,* l'une de mes seules vraies références avec *La Grande Bouffe.* Parce que mourir en s'éclatant à la tête de veau, ça reste encore pour moi l'un des summums de la jouissance…

L'ennui, c'est que Fanfan est toujours d'accord avec ce que je dis. Moi qui n'aime que l'affrontement, mon Dieu comme je m'ennuie avec lui ! Du coup, au bout d'un moment, je m'arrange pour qu'il n'ait plus rien à dire et que je puisse enfin le regarder se mouvoir. J'ai essayé d'être aussi aérienne que lui mais je ne le suis pas encore, c'est moi qui vous le dis… Il est si fin que même ses dents sont petites, parfaitement blanches et alignées. Comment cela est-il possible ?

Au poignet il porte un bracelet de force très large, en cuir noir, avec trois boucles de métal pour le fermer. Moi, si j'avais le même, je ressemblerais à un fort des Halles, un mareyeur breton ou que sais-je encore d'aussi féminin ! Lui, on dirait une image de mode pour Calvin Klein. Et croyez-moi, je m'y connais en mannequins hommes : ça c'est de la vraie beauté. Pas de la sophistiquée, retouchée et qui sent la fin de carrière, ah non ! De la grande, de la sauvage qui vous saute à la gueule et vous laisse ravagée.

Par exemple, il ne fait aucun bruit en marchant. D'ailleurs il se meut avec tant de légèreté qu'il ne peut pas appartenir au monde des Terriens. Parce que moi qui en suis, des Terriens, je peux vous dire que quand je lève le cul de ma chaise j'ai les genoux qui craquent, les lombaires en compote, et qu'il me faut cinq bonnes minutes pour trouver la verticale… Souvent, à ce moment-là, je fais basculer une pile de dossiers d'un bureau, histoire que tout le monde sache bien que je suis debout et que ça me coûte ! Alors comprenez-vous mieux mon admiration pour ce monde inconnu dans lequel évolue Fanfan ?

– Bon, Sonia, me lance Raphaël, si vous voulez me suivre nous allons déjeuner à ma petite cantine, là-bas, sur la place. Vous allez voir : c'est bon, sympa et sans prétention...

– Alors salut, les amoureux ! Bon appétit !

Sa voix ! Je presse le bras de Raphaël pour que nous partions le plus vite possible en pouffant comme deux sales gosses de troisième.

– Non mais vous avez entendu sa voix, Raph' ? Ah je meurs, je n'ai jamais rien entendu d'aussi doux, une merveille, un ange !

– Moi je vous dis que vous êtes complètement folle... Et en parlant de sa voix, un jour dites-lui en tête à tête que s'il pouvait articuler un peu ça arrangerait tout le monde... Parce que le côté grande flaque molle, il y a des jours où c'est franchement insupportable !

– Vous n'y connaissez rien et vous confondez tout. C'est pas une grande flaque molle : c'est une « chose » venue de la quatrième dimension ! Personne ne peut le comprendre parce qu'il est fait dans un matériau différent du nôtre, vous comprenez ? Il ne doit pas avoir d'os, de viscères ni de poumons, il n'a même pas d'organes, ce gars-là, c'est trop moche ! Pouvez-vous l'imaginer un seul instant avec du ketchup qui lui coulerait le long du menton, ou bien avec une crise d'aérophagie parce qu'il aurait avalé trois brownies ? Non, quand je vous dis qu'il a tout de l'extraterrestre !

– Faut pas pousser, rétorque Raphaël. Tant pis pour vous si je casse un mythe, mais vous m'y forcez. Votre extraterrestre, il bouffe chaque midi comme tout le monde : des Mac Do bien dégueu – gras et qui dégoulinent partout – et puis après il s'enfile un énorme Coca… Je vous assure ! J'vous dis ça parce qu'on est souvent ensemble. Y a même des mauvaises langues qui prétendent qu'il se roule un petit stick pour digérer. Est-ce que ça vous va, ou je vous décris sa nénette par le détail pour vous guérir définitivement ?

– Arrêtez, Raphaël. Je vous trouve macabre et je ne vous crois pas. Tenez, voilà la carte. Qu'est-ce que vous aimeriez prendre, pour manger ?

– Ben moi, un petit truc costaud ne me déplairait pas. Et vous, Sonia ?

– Moi je voudrais fêter la dernière émission, et surtout boire un coup à la chance que j'ai eue de travailler avec quelqu'un d'aussi formidable que vous. Vous que j'ai successivement gavé avec mon régime, mes rubriques immontables et François comme cerise sur le gâteau, je vous souhaite de tout cœur, pour la suite, d'être heureux dans tout ce que vous entreprendrez. Vous le méritez, alors à la vôtre.

– Tchin, Sonia… Au fait, en parlant de dernière émission, qu'est-ce que vous avez choisi de faire pour finir, de la magie ou de la cartomancie ?

– De la magie. Parce que la cartomancie ça m'a toujours porté malheur. Et puis la magie ça s'apprend en deux temps trois mouvements.

– Erreur. Grave erreur. Il n'y a rien de plus difficile

à apprendre que la magie. Bon enfin... si vous avez décidé que c'est plus intéressant que la lecture dans le marc de café, cet après-midi nous irons nous faire expliquer un tour à Saint-Germain...

Là-dessus arrive la serveuse.

– Et pour messieurs-dames, qu'est-ce que ce sera ?

– Un melon au jambon de Parme – juste une tranche s'il vous plaît – et une salade de tomates.

– Je vous fais partir ça, madame Dubois... Et bravo pour le régime, parce que là, maintenant, ça se voit. Surtout ici, au niveau du menton... Qu'est-ce que ça peut vous rajeunir, c'est pas croyable ! C'est monsieur qui doit être content, pouff...

C'est à la fois tellement gentil et vulgaire, ce gros clin d'œil en direction de Raphaël que la serveuse a pris pour mon homme, que nous éclatons de rire dans nos serviettes de table, écarlates, en ayant beaucoup de mal à reprendre une contenance.

Un ange passe, puis mon Raph' enchaîne :

– Au fait, Sonia... Pardonnez-moi ce manque de délicatesse, mais pourquoi étiez-vous si forte, avant ? C'était hormonal, un truc genre « de bonne femme » ?

– Pensez-vous, mon petit Raphaël, pas du tout... C'était la bouffe, rien que la bouffe ! Il y a surtout deux choses qui m'ont foutue dans la ouate : le saucisson sec et le gorgonzola-baguette.

– Le gorgonzola ? Mais vous deviez sentir très mauvais de la bouche, c'est épouvantable !

J'avais pensé à tout, comme réflexion de sa part, sauf à celle-là. Surtout garder mon calme, car je suis au bord du fou rire. Inventer n'importe quoi qui le rassure sur l'état de mon haleine à l'époque.

– Vous avez raison, Raphaël, l'odeur était si forte, persistante et collante que j'avais du dentifrice et une brosse à dents dans tous mes sacs à main. J'arrivais à me brosser les dents comme ça dix à quinze fois par jour.

– Et là, aujourd'hui, comment ça va ? Par exemple pendant que je mange mon boudin purée aux petits oignons et vous votre demi-melon, ça ne vous tente pas un peu, tout de même ?

– Non, pas du tout. Le boudin-purée ne me manque pas une seconde, et le reste non plus, d'ailleurs. Vous savez pourquoi ? Parce que je ne suis rien d'autre qu'une petite minette qui s'est juré de remettre un jour du 38, et que rien ne m'empêchera d'y arriver. Quand je me fixe un but, je suis du genre qui est obligé d'aller jusqu'au bout. Je ne pense plus qu'à ça. Et tant que je n'y suis pas parvenue, inutile de me parler d'autre chose. Vous avez vu *Rain Man,* le film où Dustin Hoffman incarne un autiste qui ne peut penser qu'au même truc tous les jours à la même heure, au point de devenir complètement dément si on le prive – par exemple – du *Juste Prix* à 11 heures ? Eh bien je ne suis pas loin d'être aussi psychorigide que ce personnage. Tant que ce ne sera pas parfait, je ne mangerai pas !

– Je comprends. Mais enfin, vous n'allez pas vivre à coups de fromage blanc, de poulet et de laitue toute votre vie ! Il y a quand même bien un jour où vous allez craquer ? Faudrait peut-être vous réhabituer, petit à petit, à manger des trucs plus consistants de temps à autre. Sans compter, blague à part, que moi je vous trouve en forme mais un peu pâlotte ces derniers jours.

Il a parfaitement raison, Raphaël, et ma Catherine aussi. Il est plus que temps qu'ils se mettent tous à m'engueuler. Parce qu'il n'y a pas de quoi rire, j'ai tout de même droit une fois par semaine à soixante-dix grammes de pâtes, du riz complet, un huitième de grosse pizza, une petite tarte aux fruits, un ballon de rouge, des fromages à pâte molle pourvu qu'ils n'excèdent pas vingt pour cent de matières grasses, un jus de fruit frais quotidien et des fruits, au moins trois, et puis une viande rouge grillée quand je le désire, du poisson et des légumes de toutes sortes. Bref, une nourriture équilibrée aux saveurs de l'été et qui ne ressemble en rien à une brimade.

Je serais à ma place, j'inaugurerais cette période de stabilisation en faisant un bon marché. Sinon je vais craquer, ce sera bien fait et mon amaigrissement restera un triomphe sans lendemain. Seulement voilà, en ce moment je suis boulimique de Fanfan, je veux être tout comme lui. Alors ce n'est pas le moment de faiblir, parce que le gaillard doit faire encore quinze kilos de moins que moi. C'est comme si je me réveillais d'un lifting qui n'aurait rien changé dans le fond. Imaginez une bonne femme, la cinquantaine fatiguée, qui tombe sur un petit mec de vingt-cinq ans, qui se dit qu'elle doit se faire tout retendre si elle veut avoir une chance de le mettre dans son lit ; elle lui sacrifie vingt centimètres carrés de vieille peau mais rien, tout reste comme avant. Cauchemardesque, non ? Pour le moment j'en suis là, j'ai mis le paquet pour conquérir un vrai maigre et j'ai fait chou blanc. Bon. Je ne vais pas me pendre pour autant, enfin pas tout de suite...

– Sonia, reprend Raphaël, qu'est-ce qui vous fait courir comme ça tout le temps sans jamais vous arrêter, au point que quelquefois j'ai du mal à suivre et que je vous dirais bien de fumer un petit pétard avec nous pour vous détendre ?

– Qu'est-ce qui me fait courir ? Les hommes, Raphaël, les hommes.

Ça c'est le genre de réponse qui le laisse totalement de glace, mon Raph'. Pour lui les hommes c'est une espèce de nébuleuse avec laquelle il joue de la batterie, se connecte sur Internet et médit des filles. Il peut les trouver chiants, bêtes ou géniaux, mais jamais beaux. Et il ne voit pas pourquoi Sonia Dubois irait s'ennuyer avec un mec qui de toute façon préférera toujours le dernier album pirate en import du pire groupe de punks londoniens plutôt que de m'entendre débiter mes niaiseries. En un mot Raphaël croit avoir tout compris, mais je vois bien que quelque chose continue pourtant de le chiffonner. Comme s'il lui manquait un maillon.

Ce qui lui manque, c'est d'avoir lu Descartes, ce petit inculte. Quand le bon vieux René explique dans ses *Méditations métaphysiques* qu'il « postule a priori que », ça ne veut pas dire qu'il part de la Réalité que nous percevons pour démontrer la Vérité, mais qu'il fait comme si ça se passait réellement comme ça pour aller jusqu'au bout de son travail.

Eh bien c'est tout pareil pour moi, pour mon régime. Je postule : je pose comme étant vraie une chimère d'aventure. Cela me permet de tenir, d'inventer. Inventer que je trouve un jeune garçon très beau, qu'il faut que je fasse tout ce qui est humainement possible pour qu'il me remarque, c'est-à-dire devenir la plus mince et désirable possible. Je continue mon exercice de persuasion en me disant que si j'avale quoi que ce soit qui m'est interdit il va le voir. Sur mon front s'inscrira en lettres de feu : « J'ai bouffé comme un ogre, je suis très moche. »

Voilà ce que personne ne comprend : c'est que moi je joue, je m'invente des amoureux, comme les ânes des carottes, pour avancer vers mon but – la maigritude. Est-ce que je parfois je ne tombe pas dans mon propre panneau ? Jamais. Est-ce que certains m'ont détestée d'avoir juste servi mon but ? Certainement beaucoup. Mais pour une fois, les gars, c'est moi qui gagne. Une fille, quoi. Je sais, il y a de quoi avoir la haine.

S'il y a une chose qui m'émeut beaucoup, c'est la beauté. Et dans le cas présent, avec Fanfan, je suis *border line.* Vais-je me contenter de l'utiliser pour perdre les dix derniers kilos qui me collent au bide, ou vais-je basculer, je ne sais pas... C'est la première fois que je me pose la question, et c'est mauvais signe. Je me donne quinze jours, jusqu'au 12 juillet, pour savoir exactement ce qu'il en est.

– Bon… Raphaël, on y va, chez votre marchand de magie ?

– Allez, *andiamo* pour Saint-Germain place des Carmes !

La chaleur qui écrase Paris cet après-midi est infernale. Nous sommes au bord du malaise dans la petite boutique, tandis que le magicien s'évertue à nous montrer un tour pour enfants avec trois morceaux de mousse et autant de gobelets. Je file un coup de poing (léger) dans les côtes de Raph' pour qu'il comprenne que je suis au bord de l'asphyxie. Nous sortons, il me demande si je pense pouvoir rentrer seule jusque chez moi, je lui signifie que oui. Je suis à deux pas par les quais, et ça me fera prendre l'air. Mais Dieu que je vais mal ! La spasmophilie me bloque le sternum et m'empêche de respirer, sans compter cette perpétuelle odeur de camphre et de menthol qui m'envahit les narines. Elle est parfois si forte que j'ai l'impression que mon corps transpirera toute ma vie de la menthe, j'ai même l'impression de pourrir sur pied, tellement c'est tenace. On dirait que cette odeur revient comme un leitmotiv inconscient. Je n'arrête pas de me culpabiliser parce que je ne vais plus au centre, et pourtant je n'ai plus rien à y faire que de vagues séances de décontraction et un pesage hebdomadaire. Alors, pour être certaine que mon amincissement continue, je me gave de gélules les plus diverses, du thé vierge au fenouil pour me nettoyer les intestins et le foie. Mais leur effet laxatif et astringent m'épuise de plus en plus. Bien que je maigrisse à vue d'œil, j'aurai bientôt un ventre aussi gonflé que celui d'un petit Biafrais.

J'arrive péniblement jusqu'à la maison. N'ayant pas la force de répéter mon tour de magie pour lundi, j'attends mon bonhomme, vautrée dans le canapé, pour qu'il m'emmène en week-end chez mes parents. Depuis un moment déjà, ils me manquent étrangement, mes parents... J'ai l'impression d'être perdue sans eux, je me dis que s'ils étaient là tout le temps à côté de moi ils me redonneraient l'énergie qui me manque cruellement. Je ne sais pas pourquoi j'en arrive à penser de telles choses. Pour ce qui est d'avoir fondu ils le constatent tous les jours en me voyant à la télé, et pour le reste ai-je encore vraiment l'âge de me faire dorloter ?

Et s'il n'y avait pas d'âge pour ça ? Si c'était seulement maintenant qu'ils me manquaient ? Je ne sais pas, je ne sais plus. Je suis épuisée, j'ai de plus en plus mal au niveau de l'estomac et je me sens envahie d'une tristesse épouvantable. Je ne supporte pas de quitter mes petits camarades de l'émission pour de vrai, je sais qu'ils vont me manquer terriblement. Vous aussi, car lorsque je vous aurai livré tous mes secrets de neuf mois de régime nous tournerons également la page.

Enfin voilà mon bonhomme, qui me ramène au bercail dans notre bonne vieille ville de Cambrai. Je devrais me sentir mieux, ravigotée à l'idée de voir ma mère et de pouvoir parler avec elle de tout et de rien pendant deux jours. De suivre la lecture à haute voix de l'actualité locale, lecture faite par mon père tous les dimanches matins.

Mais quand j'arrive, la maison grouille d'une activité qui dépasse mes forces. Mon petit neveu s'affaire devant ses jeux électroniques tandis que mon père remonte moult victuailles de la cave et que ma mère dresse une table monumentale dans la grande salle à manger.

– J'ai dit à tes beaux-parents de venir déjeuner dimanche. Il y a longtemps que je leur dois l'invitation, et puis ça tombe bien. Après la fête des Mères et l'anniversaire de ton mari, on pourra tout fêter d'un coup, comme ça je suis tranquille pour l'été. De toute façon, après plus personne n'est là, parce que je pense que vous allez encore partir un mois entier en Amérique comme d'habitude ?

Oui, on va partir. Mais je n'ai même pas le courage de lui répondre, j'éclate en sanglots. Comment a-t-elle pu me faire une chose pareille, inviter tout ce tas de gens alors que je chancelle sur mes jambes ? Elle doit bien le voir, le soir, dans le poste, que je suis de plus en plus pâle !

– Mais qu'est-ce qui t'arrive, ma petite poule, qu'est-ce que t'as, qu'est-ce c'est que cette histoire ?

– C'est rien, c'est juste parce que je suis très fatiguée.

– Bon, maintenant c'est sérieux, tu vas me faire le plaisir d'arrêter ce régime tout de suite. De remanger normalement. Il ne s'agit pas de te laisser regrossir mais de reprendre un peu de forces, tout de même ! Comment as-tu pu te laisser mettre dans cet état sans réagir ?

– Je ne me suis pas laissé mettre dans cet état : je voulais maigrir et j'y suis arrivée. Je te dis juste que je suis très fatiguée parce qu'il fait très chaud en ce moment à Paris, voilà tout.

– Non, ce n'est pas tout. Tu ferais bien de m'écouter et de te remplumer un peu. Et puis fais attention, Sonia, ton visage s'est trop creusé, ça se voit à la télé et ce n'est pas beau, ça ne correspond pas à ton image non plus. Pense à ton image ! Moi, des gens m'arrêtent dans la rue pour me dire : « C'est plus elle, on la reconnaît plus. Vous savez on l'aimait bien grosse, nous, alors pourquoi elle a fait ça ? » Je n'invente rien, demande à ton père !

Je ne demanderai rien du tout à mon père. Quand je pense à tous les arguments qu'il a pu avancer pour que je maigrisse, jusqu'à l'année dernière, c'est pas pensable ! Ça allait de « ton mari va te quitter » à « impossible que tu retrouves une place dans cet état ». Et maintenant que j'y suis presque arrivée, ma mère peste.

Soyons honnête et reconnaissons que tous les gros avec lesquels j'étais ou suis encore amie ont parfaitement admis que je perde vingt ou trente kilos pour les plus larges d'esprit d'entre eux. Mais depuis que c'est moins cinquante, je sens une cassure entre eux et moi. Comme si j'avais lâché le clan, comme si en réalité je les reniais. Une collabo, quoi. Eh bien c'est vrai, ils ont raison. Je n'ai jamais aimé être obèse, j'ai terriblement souffert du regard des autres, du rejet des garçons dès que j'ai eu quinze ans. Sans compter qu'il n'y a pas non plus des myriades de filles qui veulent se trimbaler avec un boudin. Alors moi j'avais une parade, j'en trouvais toujours des plus moches que moi. Quelquefois ça tenait de Barnum, ma compagnie. Ça vous remue, que je vous dise ça tout à trac ? Normal, je le fais exprès. Je ne vois pas pourquoi je ne dirais pas une fois pour toutes ce que je pense. Que les gros peuvent tous maigrir s'ils le veulent, et que les minces de nature sont de beaux salauds de se foutre de nous. Mais je suis très patiente et j'attends qu'ils tombent à pieds joints dans les hamburgers, les pizzas à domicile, les crèmes glacées au chocolat toujours molles, le cholestérol, l'hyperglycémie, et qu'ils deviennent énormes à leur tour. C'était mon plus grand rêve d'enfance : que les gros soient devenus à la mode et que tout le monde essaie de le devenir sans y réussir. Bref, que nous soyons pour une nuit les maîtres du monde.

– Tiens, voilà Séraphin, il va pouvoir me faire ma piqûre.

Séraphin, c'est mon ami. Mon véritable et très proche ami. Entre nous il se passe quelque chose à la fois de très filial et de parfois ambigu, tout le monde le sait. C'est comme ça, pas autrement. Seul mon père n'est pas ravi de l'aubaine, mais ça passe. Séraphin est un génie. Il a trente-cinq ans. Il sait tout faire, il connaît tout. Quelquefois je n'ai même pas besoin de lui parler pour que l'on se comprenne : on se fait un petit clin d'œil en coin et ça nous suffit.

Avec Séraphin tout serait merveilleux s'il n'entrait parfois dans des colères si noires qu'il casse tout chez lui, insulte tout le monde – même moi – pendant des heures, avant de se retirer honteux dans sa tanière durant des mois. Dommage, sinon il avait tout pour que je fasse ma vie avec lui, au moins un bout.

Et que fait-il, ce brave Séraphin ? Comme c'est l'homme le plus intelligent et le plus doué que je connaisse, il embrasse deux métiers à la fois : d'un côté il est docteur pour payer son chauffage et ses impôts, de l'autre artiste peintre pour s'acheter de grosses voitures avec l'intérieur en cuir et dévaliser les boutiques de Jean-Paul Gaultier. Tout ce qu'il entreprend, il le réussit. Se met-il au jardinage ? Il réalise un merveilleux parterre. Se met-il au néo-réalisme, style qu'il a inventé ? On s'arrache ses toiles en Allemagne. Bref, sans qu'il soit mon pygmalion, disons que son avis compte beaucoup pour moi. C'est pourtant rare que je prenne en compte l'avis des autres, que je respecte mais n'adule jamais. Dernière chose à préciser : Séraphin, c'est son nom d'artiste peintre, pour faire le docteur il s'appelle Éric Merchot. Et il est gros... Oui, c'est vrai, il est gros.

– Salut Séraf, comment tu vas ? Quand es-tu arrivé à Cambrai ?

– Hier soir, comme toi. Bon, montre un peu ta frimousse. Pas possible, mais t'as encore décollé depuis trois jours ! C'est que ça ne va plus du tout, cette histoire. Sais-tu au moins ce que tu es en train de nous faire, là ? Des crises de spasmophilie, tu n'as jamais eu ça de ta vie avant. Il ne manquerait plus que tu nous ajoutes un petit coup de tuberculose et je pourrais venir te chanter *L'Hirondelle du faubourg*…

Éclat de rire général, parce qu'en plus il faut le voir, seringue en main, avec sa tête de Raoul de Godsvarveeld et son accent de Wazem[1] !

– Attention, d'abord ça brûle dans le bras, à l'endroit où je te fais l'intraveineuse, et puis dans tout le corps. Mais ne commence pas à faire ta douillette ça va passer, de toute façon du magnésium et du calcium tu en as un sacré besoin, c'est moi qui te le dis. Et tu vas arrêter de te faire pousser un potager dans l'estomac ! Tu vas commencer à remanger de tout, de façon équilibrée, et on finira de te le faire mincir, ce ventre, à coups de mésothérapie... Dis-moi, mamie Toinette [*c'est le petit nom de ma mère pour mon neveu, ma filleule et Séraf*], qu'est-ce que tu lui fais à manger, à ta fille ?

– Du poisson poché, du poulet, elle a voulu de la salade il y en a trois tonnes à la cave, son fameux pain au son et du fromage blanc maigre avec des fraises.

– Bon, le poulet et le poisson passe encore, mais pour le reste va falloir commencer à élargir un peu ton registre. Et puis par pitié, arrête le pain au son ou tu vas finir avec un intestin en Spontex !

– Mais tu ne comprends pas, tu es comme les autres aussi, ou quoi ? Si je remange quoi que ce soit je regrossis tout de suite, et puis de toute façon il n'y a plus rien qui passe, alors…

---

1. Quartier populaire de Lille.

– Alors c'est bien fait pour toi. Il y a quinze kilos de ça tu me disais que tu te stabiliserais là, que tu avais assez perdu. Rien à faire, il a fallu que tu continues, et maintenant je suis obligé de te piquer pour que tu tiennes. Si c'est pas malheureux de ne jamais écouter son Séraphin ! En plus t'es même pas belle, parce que t'as gardé ton gros bide et tes fesses molles ! Bien fait, fallait m'écouter.

Ah... Pas facile à driver, le Séraphin, mais je dois avouer que cette fois il a raison. Ma mère est affolée, pour de vrai. Elle sent que ça pourrait devenir grave si je continue mes bêtises encore huit ou quinze jours. Tout le monde décide d'un commun accord que je passerai le week-end chez Séraphin, dans sa chaise longue, à le regarder s'occuper de son jardin façon curé de campagne.

Superbe. Pendant que Séraphin jardine j'écoute de vieilles *Minute de M. Cyclopède,* de Pierre Desproges, et je me dis que décidément personne ne lui est arrivé à la cheville. Mais comment fait-on pour avoir du talent ? Peut-être existera-t-il un jour un bandage glacé pour ça aussi ?

Le samedi et le dimanche sont exquis dans ce jardin aux arbres immenses, à l'ombre bienvenue et à la maison genre cottage du Kent mais en version très sauvage, un peu comme la peinture de mon ami...

J'aurai juste assez de forces pour monter jusqu'à son atelier une fois, pour constater que c'est de plus en plus puissant. Je suis admirative, mais honnêtement il m'arrive de le jalouser de posséder son art et son métier avec une telle perfection. Pourquoi concentrer autant de qualités sur le même homme ? Bien sûr, il est gros. Et c'est là que le bât blesse. Parce que lui non plus n'a aucun succès avec les filles, alors nous nous racontons nos infortunes respectives en écoutant Gainsbourg, la Callas ou des hautes-contre bourrées de talent. Nous sommes les deux seuls êtres au monde à n'avoir jamais eu aucun succès avec le sexe opposé. Quoique moi, j'aie mon bonhomme. Lui, rien. On en rit, après avoir failli en mourir à vingt ans. Vous savez, avec le temps, le gros devient nietzschéen : tout ce qui ne le tue pas le fait grandir.

Et Fanfan, là-dedans, est-ce que j'y pense ? Sans arrêt. C'est comme une petite douleur continue côté cœur. Et si ma récente spasmophilie n'était que la démonstration de mon manque ? Allez savoir ce qu'invente le corps pour vous montrer qu'il comprend ce par quoi vous êtes dévoré ?

J'en parle à Séraphin. Il glousse.

– Encore une de tes victimes ! Le pauvre mec, je suis certain qu'il n'a rien demandé non plus, celui-là. Surtout pas que tu viennes l'emmerder. Ah, mais d'un seul coup je comprends, monsieur est certainement maigre, le cheveu long, gras, plat, une allure à se nourrir à l'héroïne. Mais t'as pas fini ton cirque, avec ton défilé d'épaves ? Ça t'excite, ou quoi ?

– Ne me fais pas rire, tu sais bien que je ne peux pas. J'ai mal ici, au-dessus du bide. Quand je parle on n'entend plus le son de ma voix.

– T'as qu'à bouffer.

– Mais je voudrais bien, seulement il n'y a plus rien qui passe.

– Bien fait ! T'avais qu'à m'écouter, et arrêter quinze kilos avant !

Le week-end va se dérouler comme ça, à nous raconter nos petits fantasmes entre amis. Lui en bêchant, moi en train de le regarder depuis la chaise longue.

Mon mari et moi regagnons Paris une fois la très grosse chaleur et ma belle-famille parties. J'aurais aimé emmener ma mère avec moi. Un drôle de pressentiment, je suis si fatiguée que je sens qu'il va m'arriver quelque chose. Je suis envahie par le cafard. Affreux. Notre Fiat est si vieille et si brinquebalante qu'il n'y a plus de radio ni de radiocassette dedans, rien qui pourrait me distraire de mes sombres pensées, de la lassitude qui s'abat sur moi comme un couvercle de plomb. Alors je laisse mon esprit vagabonder. Souvent il ne lui faut pas longtemps pour trouver un songe auquel s'accrocher. Je me mets à rêver, ma petite voix entre dans la partie et nous jouons à inventer le monde, des amours nouvelles et impossibles, des heures durant. Mais là rien, je suis sèche d'imagination ; ma petite voix doit manquer de magnésium, elle aussi. Je n'ai qu'une idée en tête : rentrer à Paris, que l'on finisse très vite la dernière, et quant à la petite fête qui doit se dérouler après ce sera sans moi. Non, franchement c'est trop dur, je n'ai pas le désir de m'amuser, mais alors pas du tout. Parce que je n'ai pas envie de les quitter.

Puisque ça doit se passer comme ça, je rentrerai chez moi et je pourrai enfin revoir Antoine de Caunes. Pour lui aussi, c'est l'une de ses dernières. Qu'est-ce que je vais devenir s'il n'est même plus là à la rentrée ? Parce que lui et son acolyte José, je les aime tellement que souvent l'idée de les imiter m'a traversé la tête. Mais comme je suis une fille honnête, je ne l'ai jamais fait. Sauf que là, l'envie de lui piquer une de ses « pignolades » ne me quitte plus depuis cinquante kilomètres.

Ça y est, eurêka ! Je sais ce que je vais leur faire, demain, pour la dernière. Sonia Dubois tire son chapeau, mais on en parlera encore dans dix ans dans les chaumières abonnées à *Télé 7 Jours*. Je vais me faire encorder avec un harnais du haut du plateau, au niveau des gros projecteurs, à quelque chose comme quinze mètres du sol. Je vais voler à travers tout le studio avant de me poser à ma place, en descendant tout doucement de ma corde de rappel. Voilà, c'est simple comme un jeu d'enfant et on appelle ça une entrée à la David Copperfield !

Reste plus qu'à convaincre les techniciens, les cadreurs, les assistants réalisateurs, Raphaël (toujours partant pour une bonne déconnade) et l'affaire est dans le sac.

*

* *

Je raconte ma brillante idée lors de notre ultime réunion du lundi matin, avec moult détails et le renfort de Raphaël. Sincèrement, le moins qu'on puisse dire est que je n'emballe guère avec mon projet de voltige. En gros, personne ne voit ce que ça va apporter au tour en lui-même. Je sens que l'affaire m'échappe, d'ailleurs les assistants réalisateurs sont très clairs :

– Non, Sonia, pour cette fois désolés mais on n'est pas d'accord. Un truc comme ça se répète huit jours à l'avance. Avec des alpinistes qu'on fait venir, et qui t'expliquent comment on se sert d'une corde de rappel et de tout leur bazar. Non, il aurait fallu nous le dire au plus tard mercredi dernier...

C'est pas possible, ils peuvent pas me faire ça aujourd'hui ! Et puis pourquoi ? Ils m'ont toujours dépanné tous mes coups, on en a quand même fait pas mal, et maintenant voilà que c'est non. Je ne cède pas, je hausse le ton, leur demande s'ils se croient déjà en vacances. Je m'excuse aussitôt de m'adresser à eux de cette façon, mais refuse toujours de comprendre pourquoi arriver au-dessus de la table en haut d'une corde est si difficile, puisqu'on voit Antoine de Caunes le faire au moins une fois par mois. Touché-coulé, on a gagné. L'assistant est en général un être très fier de ce qu'il est (chose légitime), et il déteste qu'on lui dise ou rappelle que ce à quoi il ne veut pas s'essayer, d'autres le font avec un professionnalisme certain. Les assistants cogitent donc dans leur coin un bon moment. Raphaël et moi sommes excités comme des puces. Maintenant qu'on a emporté le morceau, on va leur montrer comment nous envisageons un final, nous deux.

– Bon écoute, Sonia : on a pensé à un truc qui fait de l'effet, qui ne présente aucun danger et qui ne t'oblige pas à partir des rails du plafond du studio. En haut des gradins, il y a un railway pour la caméra [*une sorte de rail sur lequel on fixe une caméra que l'on peut faire avancer, un peu comme un travelling*], alors on fixera ton harnais à ces rails. Là-dessus un assistant te poussera un peu pour te donner de l'élan. Tu n'auras vraiment qu'à te laisser aller, puisque tu seras maintenue par les fesses. Tu auras une petite poignée sur laquelle tu appuieras extrêmement lentement et qui te permettra d'atterrir juste au niveau de la table. Tu feras bien attention, la seule difficulté c'est la poignée : si jamais tu appuies trop vite dessus, tu tombes. Ne t'inquiète pas, on te le redira sur le plateau. De toute façon c'est très simple, sans danger, et ça fera le même effet.

Génial. Je voudrais déjà être au tournage pour commencer à m'entraîner. Je sens des fourmillements de partout, surexcitée et certaine de mon effet pour la dernière. Je vais tous les bluffer, ah mais !

14 h 30. Raphaël et moi sommes arrivés sur le plateau comme des fusées. Déjà on veut voir le harnais, ma corde, ma place, mon déguisement de David Copperfield. Il y a tout de même un truc qui commence à me prendre sérieusement les nerfs, c'est cette sorte d'acharnement thérapeutique avec lequel Raphaël me répète mon tour sans arrêter une seule seconde. Avec de grands gestes de magicien à la Barnum, il agite fré-

nétiquement ses trois petites boules de mousse rouge et ses trois petits gobelets depuis 10 heures du matin. Pourquoi, bon Dieu, pourquoi ? On dirait qu'il n'a plus confiance en moi...

– Vous m'épuisez, Raph', avec vos gobelets et vos boules. J'ai compris le tour depuis vendredi après-midi. Tenez, donnez-moi le tout, je vous le fais et après on n'en parle plus. Regardez, ils m'ont déjà mis le harnais, je vais enfin pouvoir répéter...

– J'en étais certain. Vous êtes là à papillonner dans tous les sens depuis ce matin avec votre histoire de Copperfield, en attendant, le tour, vous ne l'avez pas compris. Je le savais, vous n'écoutez plus rien de ce que je vous dis. Allez, dites-moi la vérité, vous n'avez pas répété ce week-end, Sonia, hein ?

– Non, Raphaël, je n'ai pas répété ce week-end, et je n'ai pas appris les répliques de ma rubrique non plus. Ce week-end j'ai fait « spasmophilie-chaise longue », ça vous va ?

– Sérieux, Sonia, pourquoi voulez-vous absolument arriver en volant ? On vous demande juste un petit tour de magie, c'est tout et ciao. De toute façon, comme tous les rubricards de l'émission depuis trois mois passent ce soir, vous n'avez que deux minutes d'antenne chacun. Arrêtez ce truc qui ne me dit rien, vous êtes trop fatiguée, et faites-nous du bon Dubois traditionnel avec gag visuel compris dans le tour.

S'il croit que je vais l'écouter, le pauvre garçon ! Moi je répète avec mon harnachement, un point c'est tout. Ça y est, je pose mes deux pieds sur le dossier d'un siège. Je tiens la corde de la main gauche et ma poignée de la main droite, l'assistant de plateau a été formidable : il m'a tout répété cinq fois. J'ai tout enregistré, je n'ai pas le trac, je contrôle parfaitement la manœuvre. Je fais signe de mettre les rails en route et ne tarde pas à quitter le dossier sur lequel mes pieds étaient posés. Et je vole ! C'est une sensation extraordinaire. Tout change, par exemple je trouve que l'on entend moins, on est comme dans un cocon. Arrive le moment de se poser. J'appuie avec une douceur extrême sur ma poignée, j'atterris parfaitement bien. Tout le monde est soufflé, moi la première d'ailleurs. J'ai l'impression d'être Nicolas Hulot, d'avoir repoussé aux frontières du réel ce que je sais faire. Je viens d'accomplir mon premier exploit sportif, tout le staff m'applaudit.

– On la refait tout de suite une seconde fois pour être sûr que tout marche ! hurle l'assistant de l'exploit.

On la refait. Toujours OK. Là les gens commencent à se déplacer en masse pour me féliciter, parce que ce n'est pas si facile d'atterrir en restant maître de la poignée, donc de ne pas tomber d'un coup comme une grosse masse.

Du coup je remets Raph' dans mon camp. Une seule chose me taraude depuis un moment : lorsque je scrute l'horizon, il est à la fois plein de gens et complètement vide. Mais où il est, l'autre clown ? Pourquoi est-il le seul à ne pas m'avoir vue réussir un truc aussi fort que de descendre un plateau de télé en rappel, l'exercice roi des sportifs entraînés, réalisé à mains nues par celle qui jusqu'à maintenant était plus connue pour son coup de fourchette que son coup de reins opportun à sept mètres du sol ?

C'est impensable ce que je ressens ; je commence à comprendre que l'on se passionne pour l'exploit, à m'aimer habillée en sportive. Pourtant cette tenue n'a vraiment rien de féminin : le harnais (fait dans la même matière qu'une ceinture de sécurité) forme autour de mon bassin et de mes fesses comme une grosse culotte, mais je le trouve sexy. Certainement parce qu'il me permet d'accomplir de vieux rêves. Je frime, et pas qu'un peu. J'accomplis vingt fois le tour du plateau dans tous les sens. Est-ce que tout le monde m'a vue ? J'espère qu'ils sont très impressionnés. Quand je pense que pour faire cet exercice on ne m'a même pas demandé mon poids, et que quand j'ai voulu le dire l'assistante m'a rétorqué que pour moi il n'y aurait aucun problème... Le pied !

– Bon, écoute, Sonia. Tout a l'air au point, mais comme il faut qu'on soit certains que toutes les caméras peuvent te prendre pendant que tu arrives et que tu descends, on va la refaire une troisième et dernière fois.

Soumise et ravie, je me plie au bon vouloir du premier assistant réalisateur. De plus, je viens de voir arriver Fanfan. Il a l'air étrangement détendu, calme et souriant. Ça m'inquiète plus qu'autre chose, cette nouvelle allure... Et s'il avait quelque chose à me dire ? Mais que peut-il avoir à me dire si ce n'est « au revoir, c'était la dernière aujourd'hui, on sait jamais, on se reverra peut-être » ou quelque inutilité encore plus insipide ? Je m'affole, je me trouble. J'ai envie d'aller le voir tout de suite mais ce n'est pas possible, je suis déjà reliée aux rails. Mais qu'est-ce que je fous, perdue en haut de cet engin ? Et qu'est-ce qu'il doit me trouver conne avec ce bidule autour de la taille, on dirait que je suis en couche-culotte !

Après, ce qui est arrivé, je ne m'en souviens plus. Je sais juste que j'ai appuyé d'un coup sec sur la poignée et que je me suis retrouvée par terre, les quatre fers en l'air, une douleur effroyable me tenaillant la main gauche. Silence complet sur le plateau. Sans un mot, vexée, je me relève et pars en courant à travers je ne sais trop quoi, dans l'espoir fou de trouver l'infirmerie. J'ai tellement mal à la main que je me suis fait un garrot pour éviter que le sang vienne raviver la douleur encore plus fortement. Voilà d'un coup l'infirmier et sa salle. Il essaie de me déplier la main, impossible, je hurle. Elle a pris la forme de la corde et il n'arrive pas à me détendre les doigts. Ils sont blancs et violacés, avec des cloques énormes et plein de boursouflures ! Du coup, l'infirmier préfère me tremper la main dans l'eau froide et appeler les pompiers.

Mon transfert aux urgences de Saint-Denis et la formidable mobilisation de mes camarades de plateau ne me laissent malheureusement qu'un souvenir diffus. Il faut dire que j'ai absorbé tant de morphine, pour pouvoir revenir faire ce putain de tour de magie, que le reste... Je ne me rappelle qu'une chose, et de taille, Raphaël devenu l'écho de ma propre petite voix :

– Dites-moi, Sonia, maintenant que vous voilà avec un moignon et que vous venez d'en prendre pour deux mois de pansements à bien en chier, pourquoi avez-vous essayé de faire ça ? Nous on voulait juste un tour de magie, personne n'a jamais demandé un pareil tintouin ! Vous voyez comment ça finit, votre bazar ? Et puis c'est bizarre, deux fois vous avez été parfaite et la troisième boum, plus personne. Vous auriez pu vous désosser ! Quel intérêt ? Parce que le genre défi sportif, ce n'est pas votre affaire pour un sou, mais alors pas du tout ! Alors quoi, Sonia ?

– Alors Raphaël, je ne sais pas. Je ne sais plus. Je suis trop fatiguée, c'est tout ce que je vois. Et maintenant, vous savez quoi ? J'ai une idée. Vous allez vous cacher en dessous de la table et faire comme si vous étiez ma main gauche, comme ça on le fait quand même et à deux, en plus.

– Non, j'ai mieux. Parce que depuis votre départ pour l'hôpital, je me suis dit que même complètement cassée vous alliez vouloir nous le faire, votre tour. Alors regardez-moi bien, Sonia : vous pouvez le réaliser avec une seule main.

– Vite je vous regarde et puis après je vais faire un petit vomi. Je n'y tiens plus, avec la dose de morphine qu'ils m'ont donnée.

Pendant qu'on m'habille, Christophe Dechavanne vient me voir en me demandant si je ne suis pas tombée sur la tête d'avoir voulu voler sans le lui demander. Il ne trouve pas ça drôle du tout de ma part, juste bêtement et gratuitement risqué, et il m'assure que si ça ne va pas je peux rentrer à la maison.

Certainement pas, je ferai la dernière. Personne ne verra rien, la costumière cachera mon énorme poupée sous un boa orange, et ni vu ni connu j'emballerai le truc comme en 40 !

Ce soir-là, Christophe et Patrice sont géniaux : dès que je sens que je vais dégueuler, ils enquillent sur un autre rubricard et tout se passe à merveille. Il ne me reste plus qu'à dire au revoir à tout le monde, et malheureusement, avec mon histoire de main brûlée, tout le monde me demande de mes nouvelles et des détails sur la chute, alors ça dure un temps infini.

Au moment de partir, Fanfan m'attire dans un petit local sombre plein de gens venus se dire « amicalement » au revoir eux aussi. Je ne saurai jamais exactement pourquoi j'ai fait ce que j'ai fait, mais je l'ai fait. Quelle folie. Ce que j'ai fait ? Pardi, je lui ai tout dit. Qu'il était très beau et qu'il n'avait pas le droit de s'abîmer en fumant. Que je l'avais épié un déjeuner entier avec sa fiancée, que je la trouvais jolie mais vieille. Qu'il m'avait beaucoup servi pour me désintoxiquer (de quoi ? Ça reste mon affaire...). Qu'il ressemblait à mon ami d'enfance qui s'était pendu l'an dernier... Et puis je ne sais plus, la morphine me faisait délirer et je crois que j'ai fini par fumer deux ou trois petits pétards avec lui. On s'est dit au revoir comme ça, sans qu'il se passe rien. Mon bonhomme m'attendait, je culpabilisais terriblement. Enfin oui et non. Non parce que c'était cet après-midi, dans l'ambulance, que j'aurais eu besoin de lui. J'ai eu beau hurler son nom dans les bras de la décoratrice de l'émission qui me conduisait aux urgences, ça ne l'a pas fait arriver pour autant. Pareil pour ma mère : qu'est-ce qu'elle me manque, bon Dieu, elle saurait me dire tout ce qu'il faut pour que j'arrête d'avoir mal. Elle m'apporterait même Fanfan sur un plateau si ça pouvait me faire du bien. Seulement voilà, quand j'ai besoin d'eux ils ne sont pas là. C'est ça, être une grande fille, se débrouiller toute seule. Toute seule ? Parfait. Alors je commets mes « petites folies » toute seule avec François. Pas bien longtemps, je suis trop malade à cause des calmants.

Je pars, je quitte le studio, je m'en vais. Je ne reviendrai jamais. Et je ne reverrai plus Fanfan.

*

* *

Fin d'une aventure, début d'une autre. Dans la vie, dans ma vie, je n'ai su abandonner les choses que pour en commencer d'autres. Alors dès le mardi je me mets frénétiquement, en compagnie de ma camarade réalisatrice de longs métrages, à l'écriture de notre prochain projet. Et je retourne au centre. Cette fois-ci Catherine remarque mes traits tirés, que j'ai beaucoup minci, et surtout que ma main gauche est entièrement recouverte de bandages. Je lui explique mon tour de force de la veille, elle me conseille la relaxation et me pèse, tout va pour le mieux. Moins cinquante kilos c'est officiel. J'aimerais bien fêter l'événement si je n'étais handicapée et si j'avais droit à une petite coupe de champagne.

Ah oui, j'oubliais de vous dire : depuis un certain temps je suis obsédée par des aliments et des boissons qui m'étaient restés indifférents jusqu'à ce jour. J'ai envie de me gaver de sushis (des petits morceaux de poisson cru enrobés de riz). Et de champagne, car je comprends enfin pourquoi il incarne la fête.

– VI –

ET MAINTENANT, QUE VAIS-JE FAIRE ?

Juillet 1995

Chaleur de bête qui nous scotche tous au plafond, nous laissant inertes comme de grosses méduses échouées sur nos canapés de cuir bien collants.

Je passe le plus clair de mon temps chez mon docteur (pas mon gros camarade, l'autre, celui de Paris). Il me trempe la main dans le daquin et me la nettoie avec une infinie patience, puis me change les pansements.

– Vous savez, plus jamais je n'essaierai de faire David Copperfield le magicien... lui prometté-je.

– Non, la prochaine fois faites Jane, c'est moins risqué.

C'est qu'il ferait de l'humour et qu'il saurait rire, mon petit docteur ? Mais si !

Le pauvre... depuis dix ans maintenant que sans relâche je le consulte une fois par mois. Pourquoi ? Pour lui expliquer avec force détails existentiels et émotionnels à l'appui que je ne devrais plus tarder à me mettre au régime, que maintenant j'ai conscience de cette nécessité et que je vais le faire. Au début il croyait que j'étais de bonne foi, alors il m'a donné plusieurs listes d'aliments à proscrire. Rien de très sorcier. Je suis même allée jusqu'à épingler ses conseils au-dessus de mon placard de cuisine. Je peux vous dire que ça m'a laissée de glace chaque fois que je me coupais une rondelle de rosette.

Alors il n'a plus rien dit, mon petit docteur. Il se contentait d'écouter mon long râle et ma révolte antimaigre. Il ponctuait juste mon débit ininterrompu de récriminations en tous genres par un : « Et votre dos, madame Dubois, ça va cette hernie discale pas encore totalement handicapante ? » Je partais en lui signifiant que je reviendrais métamorphosée le mois suivant. Il me serrait la main, pressé de passer à de « vrais » malades.

Et puis un jour de mars, alors que j'avais déjà beaucoup maigri, il fut bien obligé de constater que le centre, ses bandages magiques et peut-être même le fait que je sois payée pour assurer sa publicité avaient été très payants.

Alors nous avons parlé. Pour la première fois de ma vie j'ai énoncé clairement à quelqu'un que j'étais boulimique. Et ce n'est pas par hasard que je l'ai fait avec lui. Lui seul a suivi mon parcours « analytique » depuis dix ans. Il n'a pas pu m'imposer le régime qui m'a fait perdre du poids, mais c'est à lui que j'ai pu tout dire de mes angoisses : n'est-ce pas cent mille fois plus important que tout le reste ?

Il continue de me faire de jolies poupées doigt par doigt, ça dure un temps infini. J'ai honte de le monopoliser pendant tout ce temps. Enfin oui et non, parce que ça me permet de lui poser les questions qui continuent de me hanter et pas qu'un peu :

– Docteur, vous savez, j'ai très peur de remanger un jour... J'y pense tout le temps. Je me dis que comme les grands drogués je vais peut-être craquer, recommencer à avaler tout et n'importe quoi. Vous pensez que ça peut arriver, docteur ?

– Donnez-moi bien votre main et essayez d'écarter vos doigts. Elles ne sont pas belles, mes poupées, peut-être ?

Pourquoi ne répond-il pas à mes questions, mais pourquoi ? Est-ce que mon régime l'indiffère parce que ce n'est pas lui qui m'en a donné la « recette » ? Impossible, il est beaucoup trop intelligent pour penser des choses pareilles ! Alors peut-être sait-il que je vais forcément replonger, et n'ose-t-il pas me le dire ?

Ou alors il pense que la partie est gagnée, que si j'ai réussi à aller aussi loin dans mon effort sans jamais m'accorder un jour de relâche, c'est que je suis définitivement sortie d'affaire. Il doit même être le seul à croire que je m'en suis sortie sans aucune aide. Lui m'a toujours considérée comme une adulte, donc c'est volontairement qu'il ne répond pas à mes questions. Il sait que je les ai en moi, mais qu'il me suffit de les énoncer pour aller mieux. Encore faut-il en avoir l'envie. Mais justement, mon petit docteur est contre le travail prédigéré que la plupart de ses confrères servent à leurs patients. Finalement, à tout bien considérer, de nos deux cas c'est le sien le plus passionnant.

Je repars de chez lui le moral gonflé à bloc. D'abord parce que j'ai une belle bande toute neuve à la main gauche. Ensuite parce que les pommades qu'il m'applique me soulagent énormément. Et enfin parce que je lui ai dit vouloir perdre encore dix kilos pour me sentir parfaitement en forme. Et non seulement il m'a répondu que c'était raisonnable d'envisager la poursuite de mon « travail » jusqu'à la fin de l'année, mais qu'en plus, vu ma taille (un mètre soixante-quinze), soixante-dix kilos c'est encore trop. Voyez comme Einstein est un roi : tout est relatif !

Je me traîne jusqu'aux taxis de la place Pigalle et *andiamo* pour le pont Alexandre-III en dessous duquel Judith, mon amie réalisatrice, a posé sa péniche. À l'intérieur, il règne une si forte chaleur qu'elle nous fait divaguer. Je ne suis jamais allée de ma vie dans un fumoir à opium, pourtant je suis certaine que l'on ressent la même chose qu'ici. Un engourdissement du cerveau causé par la température, et une irrépressible envie de dormir justifiée par le tangage continuel du bateau. Mais on est comme dans un énorme ventre, alors j'y suis divinement bien. Naturellement, j'ai chaud, je sue. Cependant ça ne m'empêche pas de travailler, au contraire cette ambiance me pousse à la créativité, à moins que ce ne soient les quatre théières quotidiennes que je m'enfile avec Judith. Nous pensons tout haut à notre scénario, nous nous enregistrons et réécoutons pour garder ce qui nous intéresse.

Le synopsis prend forme rapidement. Faut dire que

nous bossons jusqu'à quinze heures par jour. Pourquoi ? Pour une raison bien simple : mon histoire tourne autour d'un personnage étrangement semblable à Fanfan, alors il faut que je profite de ce que ma mémoire a emmagasiné et de tous les détails qu'elle a polaroïdés, donc ça me laisse peu de temps si je veux être juste.

Judith tape tout ce dont je me souviens à la vitesse de l'éclair et nous déposons enfin notre projet à la SACD[1], pas peu fières de nous.

Judith est un peu ronde, sauf que ça vient de lui tomber dessus à quarante-cinq ans et qu'elle ne sait pas quoi faire de ces quelques kilos en trop. Je lui explique qu'il ne faut pas les cacher, qu'il faut vivre avec en restant le plus possible tonique et mignonne, pour soi comme pour son homme. Elle se récrie. Ses kilos en trop, elle veut les perdre. Et vite, en plus. Je lui donne l'adresse du centre. Elle en revient avec un plan minceur adapté à son cas, un jour pâtes un jour poulet pendant trois semaines, après ils observeront comment elle réagit. Quel spectacle de nous voir dégoulinantes de fatigue, de chaleur et de travail acharné, en train de ronger nos os de gallinacés jusqu'à la moelle !

– Dis-moi, ma chérie, nous voilà au 10 juillet, et moi j'irais bien me reposer un peu en Bretagne... Tu pars quand à New York, toi, qu'on cale notre affaire ?

---

1. Société des auteurs et compositeurs dramatiques.

– Moi je pars le 14, dans quatre jours. Tu enlèves un jour pour les courses à finir, un pour le repassage et un autre pour les bagages à faire, donc on arrête de travailler demain. Je rentre le 10 août. J'emporterai un peu de boulot, mais je voudrais surtout me reposer la papatte dans la mer à Long Island. Tu sais, je commence à croire que j'ai voulu perdre mes dix derniers kilos trop vite et n'importe comment. En plus j'ai moins le temps d'aller au centre, alors je fais n'importe quoi. Résultat, je suis à bout de fatigue. Alors un bon mois loin des tracas avec son bonhomme, rien de tel pour vous requinquer la machine. Tiens, dans mon sac j'ai le *Figaro Madame,* ils ont fait un papier sur moi genre avant et après le régime avec deux très belles photos. Ça me fait un effet bizarre : c'est la première fois qu'une photo de moi datant de ma période « très enveloppée » me semble plus jolie qu'une photo de maintenant. Tu parles d'une horreur, j'en suis à douter de ce que j'ai fait.

C'est vrai qu'elle est belle, cette photo de moi grosse. Elle est très années trente, avec deux grosses guiches sur la joue gauche, le regard triste et la moue craquante. Les bras croisés qui reviennent sur les épaules, en dessous je suis nue. Ce portrait pourtant très pudique évoque je ne sais quoi de sensuel et d'enfantin en même temps. Quelque chose que j'ai perdu. Ça vient de me sauter aux yeux…

– Tu sais, ma petite chérie, j'attendais que tu m'en parles pour te le dire… Depuis tes dix derniers kilos de perdus, c'est vrai que tu as changé. Tu n'as plus l'expression que l'on te connaissait, poupine et mutine à la fois, qui faisait ta différence. Évidemment, je comprends que pour te sentir mieux dans ta peau tu aies maigri, mais tu n'y as pas laissé que des kilos, tu y as aussi perdu une partie de ton charisme. Surtout ne prends pas mal ce que je te dis là, c'est simplement une réflexion de professionnelle. Il y a plein de choses pour lesquelles je t'aurais prise comme actrice, avant, alors que là je me demande. Tu comprends, tu t'es affadie. Maintenant on peut se dire que des grandes minces il y en a des tas, alors pourquoi choisir Sonia ? D'autant que tu n'es pas reconnue dans le camp des minces ! Non, je t'assure, tu me poses un vrai problème depuis que t'es descendue en dessous des quatre-vingt-cinq kilos...

Aïe. Elle me confirme un peu crûment mais honnêtement ce que je pense en trimbalant mon *Figaro* dans mon sac sans cesser de le regarder depuis deux jours. Bon sang, mais qu'est-ce que j'ai fait ? Au fond, j'étais loin d'être moche, avant... Et si Judith avait raison sur toute la ligne, si j'avais perdu d'un seul coup ma magie, ma différence, mon charisme à la petite semaine (mais ça compte) ? Si j'avais tout perdu, dans cette aventure ?

Bon, remettons vite les choses en place et laissons parler la petite voix.

« Tu ne vas pas te mettre à écouter des metteurs en scène, des femmes qui plus est, en mal de personnages un peu glauques ! Il ne t'est rien arrivé de mieux dans ta vie que ce régime. Tu as retrouvé du travail, les petites amourettes à deux sous dont tu raffoles, une énergie qui te permet d'affronter en même temps ton contrat de mannequin pour *Quelle* (le catalogue de vente par correspondance), l'écriture de ta chronique et tes rubriques à *Coucou.* Et par-dessus le marché en restant souriante, la maison impeccablement tenue et toi toujours parfaitement soignée. Et à part ça ton régime serait un fiasco ? Il ne faut pas dire n'importe quoi ! Judith est une fille formidable au talent incontestable, mais en matière de kilos elle raisonne comme un tambour. Comme toi avant, tiens... Manquerait plus qu'elle te convertisse à ces bêtises ! Allez, reprends-toi, regarde-toi dans la glace et tu verras bien que c'est incomparable. Et si tu ne me crois pas, dîne avec qui tu sais : là tu auras un son de cloche qui te remettra dans le droit chemin... »

« Qui je sais », c'est mon ami anorexique. Alors dînons ! Je l'appelle à son bureau l'après-midi même, lui rapporte ce que m'a dit Judith et lui parle du *Figaro* ; il me dit l'avoir feuilleté par hasard.

– Écoute, il est déjà 5 heures et demie, dans une demi-heure j'ai fini. Je passe chez le marchand de légumes prendre un beau melon et un ananas, surtout n'écoute pas ce qu'on te raconte, c'est que des conneries, attends-moi, j'arrive avec une bonne dose de fructose et de vitamines excellentes pour toi comme pour nous deux, d'ailleurs. Allez salut, ma poule, j'arrive !

Mais bien sûr, c'est lui qui a raison, comment ai-je pu en douter un seul instant ? Respirer, aller et venir, m'habiller, sortir, travailler, flirter, tout redécouvrir. Renaître. Et ce serait moins qu'avant, que cette moue rétro sur une vieille photo de studio ? Mais quelle niaiserie de me laisser encore emporter par des idées pareilles ! Il faut dire que les jaloux et les jalouses rôdent chaque jour un peu plus près de moi. Comme des sirènes ils sifflent des airs enivrants auxquels on succomberait facilement, style : « Bon, ça y est, maintenant que tu es devenue une vraie sylphide tu vas pouvoir le lâcher, ton régime, qu'on se refasse des petits restos ensemble, comme avant. » C'est ça ! Je fais à peine soixante-quinze kilos, c'est-à-dire encore quinze de plus que toutes mes « copines », et elles rêvent déjà de me voir me réempiffrer, les garces !

Les 20 heures arrivent et mon camarade maigre aussi. Il me regarde sous toutes les coutures, comme d'habitude, et me trouve très bien. Sauf un petit truc qui cloche, je savais bien qu'il allait le voir : mes dessous de bras. Ils dégoulinent. Ben oui, faut dire les choses comme elles sont. Comme j'ai perdu cinquante kilos, vous vous doutez bien que j'ai trop de peau un peu partout. Sauf que, comme j'ai la chance de n'avoir que trente ans, ça s'est à peu près maintenu en certains endroits : le visage, le cou, les jambes. En revanche, côté poitrine, deux gants de toilette. Le ventre : une grosse baudruche dégonflée post-accouchement (pour celles qui savent ce que c'est), et les dessous de bras en stores vénitiens ! Il est vrai que ce n'est pas l'excès de sport qui m'a tuée... Seulement voilà l'addition : la manche courte interdite pour tout l'été et mon camarade extrêmement soucieux pour moi.

– C'est pas terrible, c'est vrai. Mais l'année dernière tu avais cent trente kilos à gérer sur la plage, et cette année tu n'as plus que vingt centimètres carrés de peau qui flottent. Tu ne vas pas nous chier une pendule avec ça !

Et pourtant si. L'état de mes bras m'affole bien plus que mes kilos de l'an passé. Ça devient une idée fixe.

– Tu sais, de toute façon j'ai décidé de tout me faire retendre au mois de septembre. Le bide, les seins et les bras. Mon petit docteur m'a tout expliqué, je vais pouvoir passer en chirurgie réparatrice dans un grand hôpital. Ça ne va pas me coûter la chemise, et puis je trouve qu'après un effort pareil autant s'en sortir nickel, non ?

– Comment ça, non ? Mais tu as mille fois raisons, ma chérie, et comme tu sais bien que je serai toujours le premier à te suivre sur ce genre de plan, si tu n'as pas confiance quand tu verras le toubib qui doit t'opérer tu m'appelles tout de suite, j'en connais une paire ! Mais vraiment, quand je repense à ton histoire de photo du *Figaro,* comment peut-on oser te dire un machin pareil, que tu étais mieux avant ? C'est dingue !

– Non, c'est pas dingue, c'est même plutôt gentil, seulement faut décoder. Judith c'est quelqu'un qui se fout de comment je suis, grosse ou mince, mais qui me veut de la flamme dans le regard, du charisme. Et ça, je ne le retrouverai que lorsque je serai tout à fait bien.

– Tu as raison. Au fait, où en sont tes préparatifs pour New York ?

– On dîne entre nos sacs de voyage, nos billets d'avion et notre *Guide bleu* du parfait petit New-Yorkais. J'espère qu'il ne fera pas une chaleur de bête comme ici, mais le plus délicat ça va être au niveau de la bouffe, à mon avis.

– Tu crois ? Pourtant ils sont vachement accro au bio, au sans gras ni cholestérol... Tu devrais trouver !

Bien sûr, que je vais trouver, mais quelles tentations !

*

* *

Mais quand vais-je réussir à oublier Fanfan, quand, bon Dieu ? C'est que je ressens maintenant une épouvantable douleur. Un manque atroce. J'en ai parfois si mal en respirant que je crains de voir mon cœur éclater. Puis je reprends confiance en l'avenir, m'inventant tour à tour une rencontre magique avec lui sous le pont Alexandre-III ou une vie rangée avec trois enfants à Bourg-Achard. Bref, je ne tourne pas rond du tout. Et comme ça en boucle toute la journée.

Et puis dans toute cette histoire, il y a quand même quelque chose qui me vexe affreusement, parce que la réponse m'échappe, parce que je ne suis plus maîtresse de la situation : inventeur et détentrice du concept du jeu du donjuanisme dévoreur de kilos, je me trouvais une victime mâle sur laquelle je posais mon dévolu, poussais mon petit cinéma au point de me fixer des buts simplistes mais jamais inaccessibles, du style si je n'avale pas trois rondelles de saucisson sec je suis certaine qu'il me ramènera en voiture ce soir. Pas de quoi attraper la migraine, mais juste assez pour entretenir mes fesses et assouvir quelques-unes de mes envies !

Ça durait un mois, deux, trois au maximum, j'arrivais à refermer mon jean et voilà, le tour était joué. Tandis que là, je suis dépassée, engloutie, anéantie. Je ne peux plus me confier à personne, même pas à mon ami anorexique. J'ai l'impression d'être d'une tragique niaiserie. À mon âge, en plus... Comment ne pas savoir dépasser ce stade de séduction primaire ? J'ai honte, et en même temps je m'en veux terriblement de céder à la tentation de la midinette moyenne. Quand je m'en veux tellement fort que ça devient insupportable, j'invente des subterfuges pour panser mon ego en chute, je me dis que s'il y a eu *Mort à Venise* (oui ça me reprend) il peut bien y avoir *Neurasthénie dans le Marais.*

Lamentable, je sais. Du coup je ne vois qu'un truc à faire : l'appeler. Pour lui dire quoi, à ce brave garçon tout de même plus intéressé par le prix de la barrette de shit que par la taille de mes 501 ? Tant pis, je tente...

Cinq fois dring, j'ai compté. Même s'il avait voulu

venir à reculons, à cloche-pied et les yeux bandés, il aurait répondu. Sauvée de la honte, il n'y a personne.

C'est pas le tout, je pars à New York dans quelques jours, moi, et faudrait voir à préparer le voyage outre-Atlantique avec méthode. Que vais-je bien pouvoir trouver pour me nourrir sainement ? Comment vais-je procéder pour calculer mon poids ? Moi qui n'ai jamais su compter de ma vie, comment m'y prendre pour convertir des pounds en kilos ? Soixante-quinze kilos ça vous fait déjà cent quarante pounds, je trouve ça complètement minant !

Ras le bol, tiens : trop chaud, trop mal à la main, trop fatiguée, je me rejette sur mon canapé. Et c'est reparti pour un tour de grand huit de mes idées noires sur l'efficacité de mon régime à long terme.

Dès que je suis allongée, ma petite voix se réveille. Aussi décidé-je de lui répondre point par point :

– Comment penses-tu que les gens te perçoivent, maintenant ? Penses-tu avoir toujours autant d'intérêt pour eux ?

– Comment ça, comment les gens me perçoivent, comme avant, tiens ! Ceux qui m'aimaient vont continuer de le faire, comprenant très bien que je ne pouvais plus rester aussi grosse que je l'étais. Quant aux autres ils vont trouver dans ma transformation physique une nouvelle source de mesquineries. Ils ne manqueront pas d'affirmer que depuis le début ils avaient compris combien j'étais mal dans ma peau, qu'ils le voyaient, que c'était impossible de toute façon d'aller bien en faisant plus de cent kilos à moins de trente ans. Et autres gentillesses dont je te passe les détails.

Une chose est certaine, j'ai enfin admis qu'on ne peut rien faire pour plaire à ceux qui ne vous aiment pas. C'est comme ça, c'est dur, mais ça permet d'éviter une perte d'énergie inutile.

Quant à savoir si je présente autant d'intérêt qu'avant, je trouve la question très cruelle. Elle laisse entendre en fait qu'on a seulement retenu de moi que j'étais grosse, peut-être rigolote parfois, déguisée souvent, un point c'est tout. C'est quand même très léger. Il m'arrive aussi de penser, d'aimer, de détester ou de m'insurger, bref de vivre. Personne jusqu'à ce jour ne l'aurait donc pris en compte ? Bizarre ! Finalement je suis logée à la même enseigne que les top models : je ne suis qu'un corps. Belle ironie du sort, enfin moi je trouve. Et il n'y a pas de raison pour que ça change maintenant... En effet, de quoi voulez-vous que les gens me parlent, sur quoi vont porter les interviews que l'on fait de moi sinon sur cette perte surréaliste de cinquante-cinq kilos ? Incroyable pour moi, dont l'un des seuls intérêts dans la vie reste l'œuvre de Nietzsche ! Drôle de décalage tout de même !

Cependant, devenue « celle qui a maigri », donc forcément quelqu'un capable de se fixer un but et de l'atteindre vaille que vaille, je vais peut-être trouver une nouvelle crédibilité auprès du public. Je ne dis pas qu'ils vont comme ça, tout d'un coup, me hisser au rang de journaliste ! Mais enfin, tout de même, j'espère un « fille sérieuse, qui a bien compris que faire le clown c'est très gentil mais que dans la vie il y a autre chose ». En résumé, je gagne en crédit ce que je perds en délire, mais au bout du compte suis-je gagnante ou perdante ? Je ne sais pas vraiment...

– Justement, reprend ma petite voix, tu as perdu ce qui te rendait identifiable au premier regard, et qui finalement était loin d'être inintéressant. Donc la véritable question est peut-être ailleurs, veux-tu continuer à faire « le métier », ou penses-tu passer derrière la caméra ?

– Il y a longtemps que l'idée de faire autre chose que rubricarde me tente, ce n'est pas une nouveauté. Sauf que maintenant je sens que j'ai assez d'énergie pour ça. Mon régime m'a transformée radicalement sur un plan au moins : je ne ressens plus du tout le besoin d'être vue, reconnue, d'exister à travers le regard des autres. Je sais maintenant que je suis dans la norme, alors je m'autonomise. Je n'ai plus aucun besoin de séduire n'importe qui n'importe où dans la rue. Ni d'apparaître en diva blanchâtre dans les talk-shows de la télé. Je ne me maquille plus jamais, même dans la vie courante, à peine suis-je convenablement coiffée et habillée d'un tee-shirt et d'un jean usé. Pourtant, tout va très bien. Je ne cesse de prendre des notes, de voir se bâtir le film que je rêvais d'écrire depuis trois ans maintenant.

En fait, petite voix, tu veux que je te dise ? Perdre cinquante-cinq kilos, c'est vouloir disparaître derrière ce qu'on a à dire, à montrer et à prouver. Je ne me pose plus comme la chose la plus importante que j'avais à sortir de ma musette : au contraire, c'est ce que je veux fabriquer qui remplit maintenant mon quotidien et que je veux faire partager. J'en arrive parfois à penser qu'on me parle trop de mon régime dans ses manifestations physiques, sans jamais vraiment se demander pourquoi on n'a plus l'impression de s'adresser à la même personne que l'année dernière.

Parce que je ne suis plus du tout la même. Parfois, c'est vrai, ça m'ennuie de moins rire, d'être plus grave. Mais à d'autres moments je me dis que j'y puise de quoi mener à bien mon entreprise de scénariste. Car mes priorités ont changé, et c'est pas une mince affaire que de revenir au monde – que dis-je ? de venir au monde – à trente ans…

– Tu ne crois pas que tu en fais un peu trop, tout de même ? Qu'essaies-tu de me dire, que tu balaies d'un coup sec tout ce que tu as vécu jusqu'ici ? Tu abondes alors dans le sens de tous ceux pour lesquels tu ne pouvais être que très mal dans ta peau jusqu'aujourd'hui ?

– Quand tu ne veux rien comprendre, tu ne comprends rien. Bien sûr que non, je ne renie rien de ce qui m'a faite jusqu'ici. Ce serait suicidaire, ça voudrait dire en somme que j'avoue m'être détestée plus de vingt-cinq années de ma vie, ce qui n'est aucunement le cas. Et plus dramatique encore, ce serait nier ce qui m'a fait connaître du grand public : cette bouée ventrale que j'ai eu tant de mal à perdre ! Non, ce serait pure folie. Ce que je tente de t'expliquer en te disant que je viens de venir ou de revenir au monde, c'est que j'ai pris conscience – une conscience assez aiguë, je l'avoue – que j'avais un corps, que ce dernier ne pourrait pas ingurgiter une vie entière tout et n'importe quoi en quantité mammouthesque ; que j'avais un cœur – rien d'autre qu'une grosse pompe – que je fatiguais inutilement ; que ma colonne vertébrale – tu sais, le truc qu'on voit maintenant, quand je me baisse – allait s'écrouler comme la tour de Pise d'un jour à l'autre. Sans parler de l'ensemble de mes autres organes que le gras étouffait : on ne me sentait même plus le foie au toucher, ça devenait franchement ennuyeux ! Et puis là d'un coup, en octobre dernier, le déclic. Je réalise que je vis aussi parce que j'ai une enveloppe, et que, comme je suis loin de détester la vie, il fallait « dégrossir » le personnage au plus vite, faute de quoi je courais à la catastrophe. Tu es marrante, petite voix… Mais manger bio, diet', me peser, aller me faire bander au centre tous les jours, oser parler de la façon dont je me trouvais, ce n'était pas gagné d'avance du tout. Encore moins de suivre tous les judicieux conseils de toutes ces diététiciennes pour lesquelles ce que je vivais n'était plus qu'une routine, une rengaine. Remplacer mes joyeux gueuletons d'hier par le mâchouillage dans les règles de l'art d'un artichaut, ce n'est pas toujours simple devant une tablée de dix personnes rendues perplexes par tant d'efforts soutenus depuis trois mois.

« Quand j'ai perdu trente kilos, mon petit entourage a commencé de se dire que c'était vraiment sérieux, tout le monde venait m'en parler à demi-mot dans la cuisine, comme si on m'entretenait d'une liaison extra-conjugale. Fou, non, de ne pas avoir tout plaqué, ne serait-ce que pour entendre les gens s'arrêter de gloser là-dessus ?

« Peu à peu je me suis sentie devenir adulte, me caparaçonner contre les tentations et les jugements des autres. Et puis c'est idiot, mais c'est la première chose que je menais à sa fin. Parce que tu le sais, petite voix, mon plus grand défaut, ce qui a bouffé toute ma vie depuis toujours, c'était de baisser les bras dès que je me heurtais à quoi que ce soit qui m'opposait une résistance. Eh bien, maintenant, je me pose en tant que Sonia Dubois qui existe, qui le prouve, et qui est bien décidée à tenir tête à tout le monde quoi qu'il arrive.

« Eh oui, petite voix, deuxième révolution culturelle – peut-être encore plus essentielle que la première –, je me suis sauvée en ne me sauvant plus à toutes jambes. Je ne fuis plus, je suis là. Moi dont la vertu la mieux reconnue était jusqu'alors la docilité, je me rebiffe, je ne suis plus toujours d'accord, je proteste, je conteste. Pourquoi ? Parce que je n'ai plus peur. Plus peur d'être prise pour la grosse de la bande et pour celle par qui le trouble arrive. Maintenant que je suis comme la plupart de mes petits camarades, du moins physiquement, alors pourquoi ne dirais-je pas ce que je pense autant qu'eux, pourquoi ne serait-ce pas mon tour ?

– C'est donc, ma grande, que ta quasi-minceur nouvelle te rendrait idiote ou vindicative. Le langage populaire ne dit pas autre chose, lui qui parle de « bonnes grosses », jamais de bonnes minces… Mais maintenant, je voudrais que tu me parles d'autre chose, de ta vie amoureuse au sens le plus large, de ta vie sentimentale. Allez, dis-moi tout, ça te fera du bien de vider ton sac, de tout foutre sur le tapis, de trier l'important de l'accessoire et de ne garder dans ta vie que celui ou ceux qui comptent « pour de vrai »…

– Tu m'énerves, petite voix ! C'est toujours la même histoire : pourquoi dois-tu toujours finir par appuyer là où ça me fait mal au point que je te déteste ? Si maigrir a influé sur mes sentiments amoureux ? Ce n'est même pas une question, c'est une évidence. La première, la plus claire, c'est le comportement de mon bonhomme à mon égard. Il a changé du tout au tout. Lui qui faisait le paternaliste avec moi, perpétuellement rassurant, me redonnant confiance en moi chaque fois que c'était nécessaire, eh bien il est retombé amoureux, il est sous le charme. Ses interrogations sont beaucoup moins existentielles depuis un certain temps : il s'intéresse de plus en plus à la taille de mes soutifs, allant jusqu'à me les choisir lui-même. Quant au reste de mes vêtements, il veille consciencieusement à ce qu'ils soient le plus près du corps possible. Il faut que tout le monde voie que j'ai maigri, il ne manque jamais de me le redire chaque matin. Bref il est fier de moi, et je le vois. Quel plaisir ! Sauf quand il descend prendre son petit déjeuner, à peine réveillé, et qu'il ne me reconnaît plus. C'est déjà arrivé plusieurs fois, et honnêtement c'est très flippant. Lui le prend plutôt sur le ton de la plaisanterie, genre : « J'ai épousé une grosse nénette et me voilà avec une maigre, je vais demander le remboursement… »

« Il en reste là, mais pas moi. Je me dis que s'il ne me reconnaît plus c'est que quelque part je ne suis plus celle qu'il a aimée il y a douze ans. Mais ça me passe très vite, et je ne tarde pas à penser qu'il découvre enfin la fille à laquelle il avait rêvé, qui dormait tout au fond de moi et qui se ranime seulement maintenant. Tu comprends pourquoi, petite voix, je te dis que je suis re-née en octobre, trente ans pile après ma première naissance ? Et puis il y a un truc qu'il me fait et qui m'hallucine totalement, parce que je ne pensais pas que ce serait un jour possible : il me soulève de terre, me porte dans ses bras et va me déposer dans une autre pièce. Tu te rends compte ?

« Qu'il croie si fort en moi, on pourrait raisonnablement penser que c'est suffisant pour revivifier la passion en moi. Pas du tout. Je suis bien avec mon bonhomme, même très bien, je ne voudrais pas qu'il me quitte, ni moi le quitter pour rien au monde. Et pourtant, de façon incompréhensible, ce n'est pas lui qui me fait monter l'adrénaline, pas lui qui me cloue devant le téléphone du matin au soir, pas lui dont je rêve la nuit ni que j'attends avec des yeux de merlan frit… Pourquoi est-ce la première fois, depuis le temps que nous sommes ensemble, qu'il ne tient plus le devant de la scène ? Il faut bien que je te l'avoue, petite voix – j'irai mieux après –, je crois qu'à force de regarder Fanfan comme l'exemple absolu de la minceur, j'ai en quelque sorte succombé. Ce n'est pas plus compliqué que ça, j'ai un nouveau fiancé, du moins virtuel, François.

– Tu crois que c'est joli-joli, ce que tu me racontes là ? Alors comme ça tu m'annonces, débonnaire, que tu envoies paître ton bonhomme après douze années de bons et loyaux services ? Cet homme qui a grandi, mûri en même temps que toi ? Qui a tout supporté, la reconnaissance du public, les crises de rire et d'hystérie que ce chambardement a provoquées dans votre vie, puis les kilos en moins, puis l'absence totale de boulot, la déprime ? Alors exit, ciao, good-bye à ce gars qui t'a aidée à franchir tous les caps et pas des plus faciles ? Quelle salope, dans ton genre ! Tu maigris, retrouves une ligne à peu près correcte, et le but atteint tu l'envoies balader pour te lancer à corps perdu dans les bras d'un gamin de vingt ans ! D'ailleurs arrête de lui courir après, tu vas bientôt tomber. Je ne te comprends pas. Il y a tant de choses que tu pourrais faire, maintenant que tu as changé, que tu es parvenue au bout de ce long tunnel de l'hyperphagie... Eh bien non, tu ne penses qu'à toi, et tu continues de te lamenter sur ton sort comme avant, même si les raisons ont changé. Pourquoi ne profiterais-tu pas de ce nouvel acquis pour redonner confiance aux autres ? Tu te souviens, toutes celles qui t'écrivaient pour savoir comment tu vivais si bien ton obésité, celles-là, aujourd'hui, elles seraient certainement ravies que tu leur expliques comment jour après jour on pratique l'abstinence comme une sorte d'alcoolique en perpétuelle post-cure !

– Tu as raison, petite voix, faudrait que je m'y mette. Mais pourquoi moi je ne suis pas aidée, pourquoi ça ne marche pas avec Fanfan ? Parce que dans la grande distribution des prix j'ai déjà décroché un homme et que c'est bien suffisant ?

Encore faudrait-il que je me requinque un peu, avant de conseiller les autres. Pour leur dire quoi ? Qu'on n'est jamais guéri, que toutes les heures passées sans craquer sont du temps gagné sur le temps ? C'est vrai que je suis, que nous sommes tous, les gros repentis, dans le même état qu'un alcoolique ou qu'un grand drogué désintoxiqué. Notre seul mot d'ordre est de ne pas replonger, de lutter encore et encore pour l'éviter. Certains jours sont terrifiants, il ne faut pas avoir peur de le dire. Plus on maigrit, plus on croit que l'on est sauvé. Faux : l'envie reste l'envie ! Un paris-brest est un paris-brest à cent trente kilos comme à soixante-dix. C'est même de plus en plus pervers, car aux alentours des quatre-vingts kilos on est si près de la victoire qu'un petit écart ne devrait pas faire dérailler toute la machine. Eh bien si, justement, c'est ce paris-brest-là, la vraie drogue, celui qui prouve en quatre bouchées qu'on ne s'en est toujours pas sorti, au contraire, même, que l'on est au plus bas. Alors on s'abstient, mais on se venge sur autre chose.

Pas seulement sur les fringues, sur ceux que l'on aime aussi. Moi, par exemple, et ce n'est pas un secret, je polarise toutes mes angoisses et mon agressivité sur ma mère, depuis le début de mon régime. Pourquoi ? Parce qu'elle représente le Grand Satan pour moi. Elle, à soixante-neuf ans, elle est grosse, belle, très bien dans sa peau et abat plus du double de boulot que je n'en ferai jamais en une journée. Et faudrait que je puisse supporter ça sans me rebiffer ? Impossible ! Je suis enfin du côté de son médecin, il faut qu'elle maigrisse et au plus vite encore. Sinon ses artères vont se boucher totalement, elle ne sera plus qu'une grande raffinerie de sucre d'ici deux ans. Sans parler de son cœur : si ça continue il ne pourra plus se débattre entre les quatre-quarts du mercredi et les frites du samedi.

Quant à mon père, je vais finir par comprendre pourquoi il y a vingt ans qu'il va se rincer l'œil ailleurs. Je vous semble ignoble ? Mais je le suis. Je ne peux plus supporter la seule femme au monde que j'aie jamais aimée, parce qu'elle prétend aller bien et sans moi, merci. On pourrait donc être grosse, belle, malheureuse, plus de la première jeunesse sans pour autant vouloir changer ? Je ne peux pas l'admettre, je ne le veux pas. Je continue de penser que ma mère est une immense angoissée qui nous a gavés, mon frère et moi, par peur de nous perdre. De nous perdre dans tous les sens du mot, que nous mourions de faim étant enfants puis que nous lui échappions à l'adolescence. Dans mon état, il n'y avait pas de risque. Mais si j'en arrive à penser une chose pareille, je comprends pourquoi plus d'un gros sur deux succombe à la tentation de remanger : je pense sincèrement qu'il vaut mieux traîner un ou deux bourrelets de trop qu'une vieille paranoïa qui finit en névrose grave. Seulement voilà, je ne veux plus jamais regrossir, je ne veux plus me décevoir, ni dégoûter mon homme ni mes vrais potes. Je suis devenue une grande fille et je n'ai aucune envie de faire de la régression mentale !

Alors il va falloir que j'adapte ce que je pense parfois d'horrible sur ma famille à ma nouvelle réalité. Du temps, pas si vieux, où j'étais grosse, je prenais horriblement mal le racisme anti-obèse qui sévit en France. Ce n'est tout de même pas parce que je viens de me faire une petite cure que je vais passer dans le clan des lâches, des maigres, et prôner le règne de « la peau sur les os », devenir une espèce de « fasciste » du kilo de trop. Pourtant, comme tous ceux qui ont abusé et surabusé de quelque substance que ce soit et qui en sont revenus, je suis prête à bâtir une église antigraisse. Bref, je deviens dingue, avec encore tout juste assez de recul pour m'apercevoir de mes égarements.

C'est grâce à ce résidu d'éclaircies mentales que je vais pouvoir vous livrer enfin mon grand secret : comment se sortir de la boulimie. D'abord, dans un premier temps, savons-nous bien de quoi il s'agit ? Être boulimique, c'est avoir besoin de tout sans jamais en être rassasié. Au sens large, c'est avoir besoin d'amour, toujours, encore plus. C'est du moins le problème de ceux qui en auraient cruellement manqué étant enfants. Du coup ils se sont réfugiés dans d'autres bras, ceux de la bouffe dans lesquels on s'engouffre tous les jours davantage.

Mais la véritable boulimie n'est pas qu'alimentaire, loin s'en faut. On est boulimique de tout. Quand on aime, c'est à la folie. Quand on écoute de l'opéra on va à tous les concerts et on connaît tous les contre-ut de la planète. Quand on se plonge dans la lecture d'Oscar Wilde on devient Dorian Gray. (Est-ce un hasard, d'ailleurs ?) Quand on va voir *Bleu* de Kieslovski, au cinoche, on est neurasthénique pendant huit jours, et pour les cas les plus graves on se sent veuve tout un week-end. Bref, être boulimique n'est pas un conte de fées, ce serait même, comme qui dirait, plutôt le contraire. On ne s'intéresse pas à quelque chose ou à quelqu'un, on le dévore, on se passionne, on donne et donne encore le meilleur de nous. On attend l'effet boomerang, c'est-à-dire un retour à ce que l'on a donné. Quelque chose du genre : « Sonia, tu sais que tu es une fille formidable, que je t'aime ? » Et vous croyez que ça nous arrive à nous, les boulimiques, d'entendre ça un jour ? Jamais. Nos efforts sont perpétuellement vains. Et je vais vous dire un truc, c'est bien fait pour nous. C'est à nous de changer pour provoquer l'attention. Le jour où nous comprenons qu'il faut donner sans espoir de retour, se passionner comme on pédale dans le vide, sans penser à l'effet retour, là on a gagné. Mais pour en arriver à cette sagesse presque junguienne, il faut avoir compris que manger comme un ogre fait forcément grossir, et que pour maigrir il faut arrêter de bouffer. Il faut arrêter de se lamenter sur le sauté de veau qui ne fait que sauter aux hanches, et passer aux carottes râpées. Si l'effort de restriction vient du boulimique, alors le résultat dans son entreprise est époustouflant.

Pour quelle raison ? Mais tout simplement parce qu'il poursuivra son but boulimiquement, avec avidité. Comme pour tout ce qu'il a accompli jusqu'à maintenant. Le boulimique se doit de maigrir avec brio et sans faille. Car, quoi qu'il arrive, le boulimique va droit dans le mur. Relativement psychorigide, il ne déraille pas du plan qu'il s'est fixé. C'est vrai, ça, après tout, pourquoi ne pas transformer ses défauts en armes ?

Cela dit, c'est un chemin beaucoup plus difficile qu'il n'y paraît. Prenons l'exemple empirique de base, le boulimique qui se met au régime. Il ne suffit pas qu'il se jette à corps perdu dans un plan alimentaire draconien. L'essentiel arrive après la phase d'amaigrissement, c'est la stabilisation. Eh oui, le régime ne s'arrête pas là où l'on a trouvé son poids idéal : bien au contraire, c'est à ce moment-là que seule la discipline règne en maîtresse absolue. Le boulimique doit alors s'astreindre coûte que coûte à un travail psychologique sans relâche, s'autoanalysant sur les progrès obtenus sur lui-même. Croyez-moi, c'est de loin la stabilisation la période la plus torturante.

– Comment tu la vis, toi, en ce moment ?

– Oh tu sais, petite voix, pour être honnête ça va moyen-moyen depuis quelques jours. Je me dis que je suis une victime innocente d'un métabolisme détraqué. Que je ne pourrai jamais aller, le nez au vent, croquer dans un mille-feuille à 5 heures de l'après-midi tout en arborant une silhouette de pub pour Taillefine. Je me mets à détester la terre entière de ne pouvoir assouvir mes fringales. C'est peut-être la fatigue, mais depuis deux jours j'ai de nouveau envie de tout...

– Comment résistes-tu, alors ?

– Comment je fais ? Grâce à la batterie de subterfuges que j'ai mise en place, bien sûr. Tu crois que c'est quoi, ma palanquée d'effets placebo, à commencer par Fanfan, si ce n'est un but que je me suis artificiellement créé pour ne plus jamais peser autre chose que soixante-dix kilos ?

– Parce que très honnêtement, ton histoire avec Fanfan ce n'est rien qu'une idée fixe pour ne pas flancher ? Le genre si je regrossis je serai tellement honteuse que j'oserai plus jamais le voir ?

– Oui et non, enfin c'est plus compliqué. En réalité j'ai besoin des deux : de mon bonhomme pour vivre, et de Fanfan pour rêver ; de mon bonhomme pour me rassurer, de Fanfan pour écrire et fantasmer. En fait je les veux tous les deux en même temps, mais chacun pour ses trucs bien à lui. Une sorte de Jules et Jim anti-kilos, tu vois...

– Pas du tout l'impression de faire un transfert de boulimie sur quelque chose que je qualifierais d'appétit sexuel débridé ?

– Non, là, faut pas abuser non plus. Je ne suis pas devenue nymphomane, je te rassure. Je voudrais juste que les jours pairs mon bonhomme me dise que je suis irrésistible, et que les jours impairs Fanfan me rappelle que je suis envoûtante, un opiacé redoutable. Je veux juste le beurre, l'argent du beurre et les compliments de la crémière !

– Sonia, est-ce vraiment dans cette nouvelle déviation de ta boulimie que tu vas accéder au bonheur ?

– Merci de me refoutre le nez dans les emmerdes, les insondables, les invivables paradoxes de mon existence. Mais je vais te dire un truc, oui je veux la Lune, oui je ne suis qu'une emmerdeuse, enfin j'ai tous les travers d'une vraie nana, quoi ! Tu crois que c'est une question de poids, tout ça ? Je n'en suis pas si sûre. Au contraire, plus mon abstinence dure, plus je redoute que mon régime ne m'assure pas toutes les chances. Alors où se cache-t-elle, nom de Dieu, cette félicité ? Il y a un an, quand j'étais grosse, je me disais qu'au moins j'avais de l'importance : quand j'arrivais quelque part, on était obligé de me voir, j'étais littéralement incontournable. Un leurre, je sais. Sitôt le dos tourné tout le monde se gaussait de moi, comme moi je l'aurais fait d'un autre mal foutu. Parce que la nature humaine est ainsi faite qu'elle se moque de ce qui n'est pas dans la norme…

« Seulement, la norme, vois-tu, c'est l'humilité totale. C'est l'absence de subterfuge pour se faire remarquer. C'est trouver du goût à la vie sans l'intermédiaire du « trop-tout ». C'est puiser en soi des ressources et non se gaver de compensations. C'est trouver n'importe où, dans l'amour de son jules, dans le goût d'écrire, le bricolage – que sais-je encore ? – ou peut-être juste dans le lever du jour, une forme de bonheur.

Voilà ce que m'ont offert mes presque soixante kilos perdus : l'impérieuse nécessité de l'aptitude au bonheur.

Et moi qui croyais en avoir fini !

TABLE DES MATIÈRES

Direction littéraire
Huguette Maure
Fabien Perucca

Graphiste
Pascal Vandeputte

Attachées de presse
Nathalie Ladurantie
Myriam Saïd-Errahmani

Impression réalisée sur CAMERON par
BRODARD ET TAUPIN
La Flèche

pour le compte des Éditions Michel Lafon
en décembre 1995

Imprimé en France
Dépôt légal : décembre 1995
N° d'impression : 1069N-5
ISBN : 2-84098-134-3
50-1431-1
ML 240